라이프 레슨

라이프 레슨

Life Lessons

이 창 수 지 음

천 권의 책에서 배우는 인생 수업

사람in
sarami
in.com

차례

프롤로그 천 권의 책에서 만나는 인생 수업   8

1장

인생이라는
길을떠나다

인생은 새로운 여정의 출발이다   12

주변 지형을 파악하라   17

옳다고 믿는 '나의 길'을 가라   22

인생의 짐은 내려놓고 가볍게 여행하라   31

한 번에 한 걸음씩 나아가라   37

자신에게 맞는 보폭을 찾아라   42

머리는 구름 속에 발은 땅에 두어라   47

수많은 갈림길에서 더 나은 선택을 하는 법   54

아픔을 관리하는 삶을 살아라   59

걷을 때에도 브레이크가 필요하다   69

높은 길을 선택하라   75

의지할 수 있는 인생 지팡이가 필요하다   82

신중한 걸음이 필요할 때를 알라   88

자신 있게 '큰 걸음'으로 걸어라   95

2장

역경과 시련을 이겨내다

탈선의 경험에서 지혜를 배우다   104

길을 잃었을 때 다시 길을 찾는 법   110

인생길 '러트'에 빠졌을 때   116

새로운 길을 개척하라   124

역경을 맞이해도 넘어가면 그만이다   132

험지를 만나도 집중하여 한 발씩 나아간다   136

오르막길에서도 행복할 수 있다   142

내리막길에서 벗어나는 법   149

같은 곳을 맴돌아도 좌절하지 말 것   154

인생 여정은 그 자체가 먼 길이다   160

3장   인생의 지혜와
교훈을 얻다

앞장서는 삶이란 거창한 게 아니다   170

인생 항로에서 태풍을 만났을 때   175

배에서 뛰어내리는 사람을 잡는 법   181

태풍에서 살아남는 법   187

역풍을 만나도 목표를 놓치지 말라　　　　　　192

가라앉지 않으려면 헤엄쳐야 한다　　　　　　197

넘어져도 당당하게 일어서자　　　　　　　　201

흐름에 따를 때와 역행해야 할 때를 알라　　　207

인생은 여정이지 경주가 아니다　　　　　　　214

스쳐가는 인연도 소중하다　　　　　　　　　220

가던 길을 벗어나야 할 때도 있다　　　　　　226

함께 걷는 길이라면 외롭지 않다　　　　　　231

위험에 빠진 이에게 생명줄을 던져주자　　　239

서로에게 상처를 주는 이별을 막는 법　　　245

아픈 과거사는 백미러 속으로　　　　　　　252

에필로그　다시 길을 떠나다　　　　　　　259

천 권의 책에서 만나는 인생 수업

인생은 복잡하고 다차원적인 현상이다. 그래서 이해하기 어렵고 논하기도 힘들다. 쇠렌 키르케고르, 레프 톨스토이, 알베르 카뮈 등 수많은 철학자와 문학가가 삶의 실존이란 문제를 껴안고 고민했지만 누구도 '인생이 무엇이냐?'라는 질문에 확실히 답하지 못했다. 이 질문에는 정답이 없을지도 모르겠다. 그럼에도 여전히 많은 사람이 인생에 관한 글을 쓰고 노래하고 토론한다. 인생이 무엇인지 이해하려는 노력을 멈추는 것은 우리 존재를 상실하는 것과 같기 때문일 것이다.

사실 우리는 인생을 쉽게 이해할 수 있는 수단을 오래전부터 지니고 있다. 바로 은유다. 1980년 미국의 인지언어학자 조지 래코프George Lakoff와 마크 존슨Mark Johnson은 《우리가 의지해 살아가는 은유Metaphors We Live By》라는 책을 썼다. 과거 철학자들은 은유를 문학에서나 쓰는 장식 언어로 치부했다. 반면 래코프와 존슨은 인간의 사고 형성에 은유가 핵심적 역할을 한다고 주장했다. 그 이유는 은유를 사용하지 않고는 사고 자체를 할 수 없을 정도로 은유가 일상 언어에 만연해 있기 때문이다. 은유는 인생처럼 추상적이고 난해한 개념을 쉽게 이해하도록 도와준다. 가령 인생을 논할 때 우리는 흔히 '여정journey'이라는 구체적 경험에 빗대어 표현한다. 중요한 선택을 앞에 두면 '갈림길에 섰다'라고 하고, 어떤 선택이 뜻하지 않은 부정적 결과를 야기하면 '역풍을 만났다'라고 한다. 어떤 사람이 잘못된 언행을 하면 '탈선했다'라고 한다. 모두 인생을 도보 여행, 항해 여행, 기차 여행 등에 비유하여 표현한 은유다.

특히 영어에는 인생을 여정으로 개념화한 은유 표현이 많다. 이 책은 2000년대 들어 영어로 발간된 약 1천 권의 회고록과 자서전을 데이터 마이닝 기법으로 분석한 디지털 인문학 에세이다. 나는 '인생은 여정이다'라는 은유와 관련된 표현을 컴퓨터와 파이선 프로그램을 사용하여 데이터에서 추출했다. 이후 가장 자주 쓰인 표현 40가지가 등장한 이야기를 추적하여, 마음에 새겨두면 좋을 인생의 교훈을 찾아냈다. 따라서 이 책 한 권에는 수많은 회고록과 자서전에서 얻을 수 있는 식견과 통찰력이 담겨 있다. 각각의 이야기에서는 인생 여정에 관한 주요 표현뿐 아니라 관련 서적을 소개했다.

이 책을 통해 독자는 많은 저술가가 인생길에서 넘어지고, 다치며, 길을 잘못 들고, 아픔을 극복하며 나아간 경험을 함께할 수 있다. 그들의 아픔을 공유하는 동시에 역경을 딛고 일어서는 용기와 힘을 얻을 것이다. 그 인생 수업을 통해 궁극적으로 깨닫는 것은 바로 삶에서 마주하는 고비를 넘을 수 있는 지혜다.

디지털 인문학자 이창수

1
장

인생이라는 길을 떠나다

인생은 새로운 여정의
출발이다

우리는 인생을 '여정'이라고 부른다. 여정은 출발과 끝이 있다. 인생이란 장거리 여정은 새로이 시작하고 끝맺는 무수히 작은 여정의 연속이다. 학교에 입학했다가 졸업하고, 첫 직장에 들어가 일하다 그만두고 또다시 새로운 직장을 찾고, 누군가를 만나 사랑에 빠졌다가 이별하고 다시 새로운 사람을 만나는 이 모든 것이 여정이다.

그래서일까? 영어 회고록이나 자서전에는 '여행journey, travel, trip', '가다go', '떠나다leave, take off', '길road, path' 등의 용어가 자주 등장한다. 사람들은 새로운 경험을 위하여, 각박한 일상을 탈피하기 위하여, 정신적 상처를 치유하기 위하여 여행을 떠나고 그 경험을 글로 남긴다. 낯선 국가나 도시를 찾기도 하고, 광활한 대자연을 홀로 하이킹하기도 한다.

우리말에선 여행을 떠나는 것을 '길을 떠나다'라고 표현한다. 영어에도 '길을 때리다hit the road'라는 비슷한 표현이 있다. 여기서 길road은 여정을 대변하는 상징적 의미를 띤다. 2009년 개봉한 영화 〈더 로드 The Road〉는 코맥 매카시Cormac McCarthy의 동명 소설에 바탕한 작품이다. 영화에는 종말을 맞은 지구에서 안전한 거처를 찾아 여행하는 아버지와 아들이 등장한다. 여기서 '길'은 희망의 상징이다. 즉, 안전하고 평화롭게 살 수 있는 장소, 더 나은 미래의 가능성이다. 〈더 로드〉는 새로운 기회와 가능성은 지금까지 머문 장소를 떠날 용기를 내는 사람에게만 주어진다는 것을 깨닫게 해준다.

리즈 위더스푼Reese Witherspoon이 주연한 영화 〈와일드Wild〉는 셰릴 스트레이드Cheryl Strayed가 쓴 동명의 자전적 이야기를 바탕으로 했다. 셰릴은 22살 때 어머니를 잃고 가족이 뿔뿔이 흩어지는 슬픔을 겪는다. 이어서 결혼 생활도 파탄 난다. 모든 것을 잃고 인생이 더 이상 깊은 나락으로 떨어질 수 없는 지경에 이르렀을 때 셰릴은 약 4,265킬로미터에 이르는 미국 퍼시픽 크레스트 트레일을 걷기 위해 홀로 길을 나선다.

> 등 뒤에 망토처럼 짊어진 배낭은 윗부분이 머리 위로 수십 센티 솟아올라 있고 아랫부분은 꼬리뼈까지 내려가 바이스처럼 내 몸을 꽉 물고 있었다. 그 모습이 괴이하게 느껴졌다. 그러나 백패커가 된다는 것은 그런 느낌일지도 모를 일이었다. 단지 이제는 떠날 시간이란 생각밖에 없었다. 문을 열고 햇빛 속으로 발을 내디뎠다.

84일 동안 셰릴은 광활한 대자연 속을 홀로 걸으며 독사, 곰과 마주치고 극한 더위와 눈보라를 겪는다. 그러나 지독한 고독과 원시적 자연의 아름다움 속에서 그는 영혼의 치유를 얻는다. 마음에 평화가 깃들고, 슬픔과 두려움을 마주할 용기가 생긴다.

엘리자베스 길버트Elizabeth Gilbert도 이혼의 아픔을 겪은 후 여행길에 나선다. 유명 잡지사의 잘 나가는 사내 작가였던 30대의 엘리자베스는 결혼 실패로 심한 우울증에 빠진다. 정신과 치료를 받고 약물을 복용해도 도움이 되지 않았다. 평소 잡지에 여행 관련 글을 기고한 엘리자베스는 과거에 깊은 인상을 받았던 이탈리아, 인도, 인도네시아를 떠올린다. 그래, 떠나자!

> 직장을 그만두었다. 이혼 합의금과 변호사 비용을 다 치렀다. 단독주택과 아파트도 팔았다. 처분하지 못한 소유물은 언니 집 창고에 옮겨두었다. 두 개의 여행용 가방에 짐을 쌌다. 그렇게 1년간의 여행을 시작했다.

심신이 지친 상태로 이탈리아에 도착한 엘리자베스는 그곳 사람들과 천천히 교류하며 건강을 회복한다. 이탈리아 요리법도 배우고 일상생활에서 즐거움을 찾는 법을 새로이 익히기 시작한다. 인도에서는 아슈람 명상원에 가서 요가와 명상을 배운다. 인도네시아에서는 전통 의학을 접하고 발리 춤도 배운다. 이 과정에서 엘리자베스는 아픈 과거를 떠나보내고 현재에 충실해지는 법을 배웠다. 그는 2007

년 출간한 《먹고 기도하고 사랑하라Eat, Pray, Love》란 회고록에 자신의 힐링 여행담을 담았다.

앞의 이야기에 등장한 두 여성은 아픈 과거를 뒤로하고 떠난 여행에서 새로운 자신을 발견한다. 그리고 실패한 듯한 인생에서도 새로운 여정을 떠날 수 있다는 자신감을 얻는다. 새로운 출발은 실패한 장소를 떠나는 것에서 시작한다. 그 출발이 꼭 물리적 여행일 필요는 없다. 아픈 과거에서 벗어나 새로운 삶을 추구하는 것 자체가 새로운 여정의 출발이기 때문이다. 영어로는 '무브 온move on'이라고 한다. 아픈 기억의 장소에 머무르지 않고 지금까지 인생길을 걸어왔듯이 '계속 이동한다'는 뜻이다. 실제로 여행을 떠나는 것은 무브 온하는 방법 중 하나일 뿐이다.

여정을 시작하기 전에는 우선 자신의 과거를 직시해야 한다. 즉, 과거가 오늘의 내 모습을 형성한 삶의 일부임을 인정하는 것이다. 그것이 바로 과거에 더 이상 연연하지 않겠다는 의지의 표현이다. 그래야 과거를 과거에 두고 앞으로 나아갈 수 있다. 시인이자 산문가 카짐 알리Kazim Ali는 《거주 외국인Resident Alien》이란 산문집에서 과거와의 이별을 이사에 비유한다.

> 이삿짐을 쌀 때 정신적으로 가장 힘든 부분은 벽에 걸린 사진을 내리는 것이다. 내가 거주하고 한때 사랑하기도 한 장소를 떠나 다른 장소로 가는 것이 실감 날 때다. 어떤 장소에서 나 자신의 흔적을 지울 수 있다면, 그렇게 흔적 없이

사라질 수 있는 나는 도대체 무엇일까? 종종 모든 짐을 싸서 상자를 차에 싣고 떠날 준비가 끝났을 때 나는 아파트를 방마다 둘러보며 각각의 공간에 작별 인사를 한다. 공간에 인사하는 것일까, 아니면 그 공간에 거주한 사람에게 인사하는 것일까?

흔적 없이 과거를 지우는 것은 불가능하다. 오히려 과거를 끌어안을 때 과거의 장소를 떠나기가 쉬워진다. 그다음 현재 순간에 초점을 맞추면 된다. 지금 이 순간 나에게 즐거움과 보람을 주는 것들에 집중한다. 그러면 다시 길을 떠날 준비가 끝난다.

과거의 아픔과 실패 때문에 힘들어하고 있다면 셰릴과 엘리자베스처럼 용기를 내어 그 자리에서 일어나자. 그동안 머문 과거의 공간을 마지막으로 돌아보며 작별 인사를 하자. 그리고 돌아서서 내 앞에 뻗어 있는 길 위에 시선을 놓자. 그 길을 따라 다가올 새로운 경험, 새로운 인연, 새로운 배움을 생각해보자. 그러고는 앞으로 한 발 내디뎌보자. 한 발, 또 한 발. 지금까지 머문 기억의 장소는 등 뒤로 멀어지고 앞에서 새로운 길이 다가온다. 새로운 여정의 출발이다!

주변 지형을
파악하라

광활한 대자연 속에서 산행하거나 하이킹하는 사람은 종종 높은 곳에 올라 주변 지형을 살펴본다. 나아갈 방향을 파악하기 위해 또는 그날 밤 캠핑할 곳이 안전한지 확인하기 위해서다. 주변 지형을 파악하는 것을 영어로 '땅의 놓임을 파악하다get the lay of the land'라고 표현한다. 높은 곳에서 보면 언덕, 산, 길, 강, 절벽 등의 놓임을 한눈에 알 수있다. 지형 파악은 산행이나 하이킹에만 필요한 것이 아니다. 일상에서 새로운 일을 시작하거나 새 직장, 새 학교에 갈 때도 주변을 파악해야 적응하기 쉽고 능률도 올라간다.

펜실베이니아 의과대학 부교수 데이비드 파젠바움David Fajgenbaum은 3년 차 의대생이던 22살에 다발성 캐슬만병multicentric Castleman disease 진단을 받았다. 이 희귀병은 고열, 피로, 체중 감소, 림프샘 비대증 등 다양한 증상을 동반한다. 건강하고 활동적이던 데이비드에게는 충격적인 일이었다. 자신의 병에 관해 알아보니 치료법이 없었다. 평생 동안 증상을 관리하며 달고 살아야 했다. 치료법을 찾기로 결심한 데이비드는 연구에 몰두하기 위하여 휴학을 했다.《나 자신의 단서를 쫓다Chasing My Cue》란 회고록에서 그는 연구를 처음 시작할 때 먼저 지형을 파악했다고 말했다.

> 급성 이완성 척수염을 연구한 내 경험과 아서의 현명한 조언 덕분에 '지형', 즉 다발성 캐슬만병 협력 연구의 처참한 현 상황을 파악하는 것이 가장 먼저 할 일이라고 생각했다.

다발성 캐슬만병은 희귀병이기 때문에 전 세계의 연구자들이 제각각 연구하고 있었다. 데이비드는 먼저 현재까지 진행된 연구의 '지형'을 파악하고, 연구 활동을 하나로 묶어 성과를 공유하는 것이 치료법을 찾는 데 가장 중요하다고 생각했다. 그의 작업이 결실을 맺어 '캐슬만병 공동 연구 네트워크'가 출범했고 그 덕분에 캐슬만병 연구가 크게 발전했다.

새 직장, 새 학교에서 지형을 파악하는 일의 핵심은 인간관계다. 누가 누구와 친하고, 누가 누구의 사람이고, 누구를 통하면 어떤 일을 쉽게 할 수 있느냐 등이다. 인간관계 지형을 꿰뚫으면 직장에서 기회를 선점하고 문제를 쉽게 풀 수 있다. 그렇지 않으면 인생이 고단해진다.

넷플릭스에서 방영한〈솔트레이크시티의 진짜 주부들The Real Housewives

of Salt Lake City〉에 출연해 스타가 된 헤더 게이Heather Gay는 학창 시절 모범적인 모르몬 교도였다. 성인이 된 후에는 모르몬교에 여러 의문을 품고 교회를 떠났다. 그리고 모르몬교와 관련한 자신의 경험을 솔직히 기술한 《나쁜 모르몬교인Bad Mormon》이란 회고록을 출간했다. 헤더는 9학년(중학교 3학년) 때 아버지 사업 때문에 모르몬교 본산인 솔트레이크시티로 이사해 새로운 고등학교로 전학한 경험을 이야기한다. 전학 후 그는 주변 학생들의 권유로 한 남학생과 데이트를 했다. 사실 그 남학생은 이미 여자 친구가 있었다. 헤더는 졸지에 다른 여학생의 남자 친구를 가로챈 못된 아이로 낙인찍혔다. 알고 보니 처음 데이트를 권유했던 학생들이 헤더를 골탕 먹이느라 함정에 빠뜨린 것이었다.

> 난 아직 그곳 '지형을 파악하지' 못한 상태였다. 전학 온 지 얼마 안 되었기 때문에 학교 2층 화장실에 가는 길조차 익숙하지 않았다.

지형 파악은 난관에 봉착했을 때도 중요하다. 사진 작가 조 기어Joe Geer는 원래 신학교에 진학해 목사가 되고 싶어 했다. 그런데 풍경을 찍어 인스타그램에 올린 사진이 인기를 끌어 1백만 명 가까운 폴로어를 거느린 사진 작가가 되었다. 2022년 조는 《지형The Lay of the Land》이란 사진집 겸 회고록을 출간했다. 책에는 인스타그램에서 센세이션을 일으킨 멋진 풍경 사진이 담겨 있다. 그러나 독자들은 사진 사이사이에 조가 고백처럼 써놓은 인생담에 더 큰 감동을 받았다. 어린 시절의 트라우마, 사진을 찍으며 배운 교훈, 자연에 대한 경외감을 통해 영적으로 성장하고 창의성을 키우고 사랑을 찾은 경험 등을 솔직한 언어로 풀어냈기 때문이다. 회고록에서 조는 카메라 렌즈로 본 세상과 사람들, 다양한 경험을 통해 인생에서 끊임없이 시야를 재조율할 필요가 있음을 깨달았다고 말한다. 인생이 고단하고 힘들 때 특히 주변을 새로이 바라볼 필요가 있다.

> 역경에 빠졌을 때 숨을 한번 깊이 들이켜고 제일 먼저 [주변 상황을] 재평가해야 한다. 앞에 있는 것을 새로운 눈으로 보고 '지형을 파악하는' 것이 중요하다.

카메라 조도, 셔터 스피드, 초점을 조정하면 분위기가 서로 다른 사진이 나오듯 새로운 눈으로 지형을 보면 문제 해결의 실마리를 볼 수 있다는 의미다.

지형을 파악한다는 것은 가던 길을 멈춘다는 의미이기도 하다. 목적지를 향해 탱크처럼 돌진하는 대신 잠시 발길을 멈추고 주위를 둘러봐야 하기 때문이다. 높은 곳에 올라 상황을 구성하는 요소들이 어떻게 맞물려 있고 어떻게 돌아가는지를 넓은 시야로 파악하는 것이다. 그렇게 보는 전체 상황을 영어로 '큰 그림big picture'이라고 한다. 큰 그림을 이해하면 효과적인 의사결정이 가능하다. 누가 우군이 되고 멘토가 될 수 있는지를 분간할 수도 있다. 자신에게 필요한 정보와 자원이 어디 있는지도 파악할 수 있다.

지금 새로운 일을 계획하고 있다면, 새 직장이나 새 학교 등에 들어 갔다면, 역경에 처해 있다면 잠시 멈춰 서서 넓은 시야로 주변을 돌아보며 지형을 살펴보자. 그러면 전에 보지 못한 언덕과 개울, 갓길이 보인다. 그것들이 연결되어 형성된 큰 그림 속에 내가 찾던 해결책이 숨어 있지 않을까?

옳다고 믿는
'나의 길'을 가라

왼쪽 길을 택해서 굽은 길에 이정표가 있는 곳까지 가세요.
거기서 울창한 소나무 숲 사이로 난 '길을 따라가세요.'

패디 딜런Paddy Dillon이 쓴 《라팔마 걷기Walking on La Palma》란 여행 안
내서에 나오는 문장이다. 라팔마는 북서아프리카 근해에 있는 스페
인 관할 카나리아군도의 일부인 화강암 섬이다. 섬 중앙에 해발 2,500
미터의 산이 있고, 산길을 따라 걸으며 감상하는 자연 풍경이 압권이
다. 위 문장에는 '길을 따라가다'란 표현이 나온다. 하이킹을 할 때는
여러 갈림길이 나오므로 매번 어떤 길로 갈지를 선택해야 한다. 이
상황을 빗댄 영어 '어떤 길로 가다go down a path'란 표현은 관용적으로
'어떤 선택을 하다'라는 뜻으로 쓰인다. 영어 회고록과 자서전을 보면

이 표현이 매우 많이 등장한다. 인생이 수많은 갈림길에서 나아갈 길을 선택하는 과정이기 때문이다.

세계에서 가장 큰 헤지 펀드사 브리지워터Bridgewater 창립자 레이 달리오Ray Dalio는 기업가가 어떤 목적을 추구하다 자신의 약점을 발견했을 때 선택할 수 있는 4가지 방안을 제시하며 이것을 '길path'에 비유했다. 첫째, 약점을 부인하는 것, 둘째, 약점을 받아들이고 강점으로 바꾸도록 노력하는 것, 셋째, 약점을 받아들이되 우회할 방법을 찾는 것, 넷째, 자신이 추구하는 목적을 바꾸는 것이다.

> 당신이 선택할 수 있는 최악의 길worst path은 첫 번째 방안이다. 둘째 방법은 성공만 한다면 최선의 길best path이라고 할 수 있다. 이 길로 갈지 결정하는 데 가장 좋은 지침은 자신이 추구하는 것이 자신의 천성[즉, 타고난 능력]과 일치하는지를 판단하는 거다. 세 번째 길은 가장 쉽고 보통 성공 가능성이 가장 높은 길이다. 그러나 따라가는 사람이 가장 적은 길이다. 네 번째 길도 좋은 길a great path이다. 다만 선입관을 극복하고 자신에게 맞는 목적을 찾았을 때 그것을 즐길 수 있는 융통성이 필요하다.

위 글을 보면 인생은 길을 걷는 여정이고, 인생에서 우리가 하는 수많은 결정은 여정에서 길을 선택하는 것과 같다는 관점이 명확히 드러난다.

세라 프레이Sarah Frey는 미국 일리노이주에서 농장을 운영하는 부모의 막내딸로 태어났다. 그는 어릴 때 극심한 가난을 겪었다. 아버지가 술과 도박에 빠져 농장 일을 내팽개쳤기 때문이었다. 세라는 오빠들과 함께 어릴 때부터 밭에서 일하고 가축을 돌봐야 했다. 그는 15살 때 독립해서 낡은 픽업트럭 하나를 구해 농산물 배달업을 시작했다. 2년 후에 집안 농장이 경매로 넘어갈 위기에 처하자 인수해서 농업 회사를 설립했다. 그러고는 대형 소매 체인 판매처를 뚫는 등 뛰어난 사업 수완을 발휘하며 회사를 키웠다. 그 결과 세라의 가족 기업은 오늘날 미국에서 가장 큰 농산물 생산 유통 회사 중 하나로 성장했고, 세라는 '미국의 호박 여왕'이란 별명을 얻었다. 그는 《성장 시기 The Growing Season》란 회고록에서 자신이 기업을 일으킨 과정과 성장, 특히 아버지에 관해 이야기했다. 카리스마 있는 원칙주의자였던 아버지는 자식들에게 좋은 가치관을 심어주려 노력했다. 그러나 다른 여자와 눈이 맞아 처자식을 버리고 집을 나갔다. 후에는 총 21명의 자식을 데리고 살면서 일꾼처럼 부려먹었다. 세라는 회고록 말미에 자신의 집 근처에 살고 있는 어머니 이야기를 하면서 아버지에 대하여 다음과 같이 말한다.

어머니는 내가 아버지를 닮았다고 하신다. 둘 다 눈동자가 초록색이라고. 좋은 뜻으로 하는 말 같지는 않지만. 어머니는 자주 "너도 아버지처럼 책임지는 사람이 되어야 한다"라고 하신다. 단 한 가지 차이라면 나는 나의 힘을 선한 목적을 위해 쓰기를 바란다는 점이다. 나도 아버지와 같은 '길을 따라갈 수' 있었다. 내 힘을 다른 방향으로 사용할 수 있었다. 농장의 마지막 말을 처분했을 때 훌훌 다른 곳으로 떠날 수도 있었다. 그렇지만 나는 내 욕망보다 가족을 중요시했다.

집에 돌아와 파산 상태에 빠진 농장의 재정 문제를 정리한 후 세라는 갈림길에 섰다. 아버지처럼 가족을 두고 떠날 것인가, 아니면 남아서 농장을 일으켜 세울 것인가? 그 갈림길에서 세라는 아버지와는 다른 길을 가기로 결심한 것이다.

유명 크리스천 가수이며 작곡가 제러미 캠프Jeremy Camp도 사랑을 앞에 둔 갈림길에서 어려운 결정을 했다. 그는 11개의 앨범을 발표했고, 그중 4개는 50만 장 이상 팔린 골드 앨범이다. 제러미는 결혼한 지 3개월 만에 21살의 아내 멜리사Melissa를 자궁암으로 잃는 아픔을 겪는다. 제러미는 대학 성경 스터디 그룹에서 그룹 리더였던 제이슨Jason의 소개로 멜리사를 처음 만났다. 제러미와 멜리사는 기독교 신앙 외에도 여러 관심사가 비슷해서 금방 친해졌다. 제러미는 멜리사를 짝사랑하기 시작했다. 어느 날 제러미는 용기를 내어 사랑을 고백했지만 멜리사의 반응은 신중했다. 자신에게는 '사랑한다'라는 말은 매우 중요한 약속이기 때문에 쉽지 않다고 했다. 게다가 그룹 리더 제이슨도 멜리사에게 좋은 감정을 갖고 있었다. 세 사람의 관계가 어색해지고 다른 그룹 멤버들이 부정적 눈길을 보내는 데 부담을 느낀 멜리사는 제러미에게 결별을 고했다. 그 후 멜리사와 거리를 두고 지내던 제러미는 어느 날 그녀가 병원에 입원했다는 소식을 듣는다. 병문안을 간 그는 멜리사가 자궁암 진단을 받은 사실을 알게 된다. 병원에 입원해 있는 동안 멜리사는 밝고 기쁨에 차 있었다. 그는 자신이 병마를 이겨 내는 것을 통해 다른 사람들에게 신앙의 힘을 보여주겠다고 말했다. 그 모습에서 제러미는 큰 감명을 받았다. 어느 날 멜리사를 병문안하 고 집에 돌아오던 제러미는 사랑이란 감정이 다시 불타오른 것을 느 꼈다. 자동차 라디오에서 지니 오언스Ginny Owens의 '당신이 나에게 원 한다면If You Want Me To'이라는 노래가 흘러나왔다. 차를 길가에 세운 제 러미는 뜨거운 눈물을 흘렸다. '하나님, 그녀가 나를 사랑한다고 말하 면 나는 그녀와 결혼하겠습니다.' 집에 온 그는 아버지에게 자신의 생 각을 말했다. 아버지는 힘든 길을 가려 하는 아들에게 신중하게 생각 해보라고 충고했다.

네가 '이 길로 간다면' 평생 돌봐야 하는 사람과 같이 살게 될지 모른다는 것을 너도 알지. 결코 쉽지 않은 길이지. 그 렇게 할 마음의 준비가 되어 있냐?

제러미는 대답했다. "네, 그래도 괜찮아요." 다음 날 병원에 다시 갔 을 때 멜리사는 제러미에게 일기장을 보여주었다. 거기에는 둘이 헤 어져 있는 동안에도 제러미를 위해 기도한 내용이 적혀 있었다. "나는 다른 남자를 만날 때도 네 생각을 멈춘 적이 없어. 그 남자가 네가 아 니란 생각이 머리를 떠나지 않았어. 네가 처음 병원에 왔을 때, 너를 사랑하고 있다는 것을 깨달았어. 너를 사랑해." 제러미는 자신이 상상했던 말이 멜리사의 입에서 나온 것이 믿기지 않았다. 얼마 후 제러미는 청혼을 했고, 두 사람은 결혼했다. 미래가 불확실하지만 신앙의 힘으로 헤쳐나갈 수 있다고 제러미는 믿었다. 그렇지만 3개월 후에 멜리사는 숨을 거두었고, 그 죽음은 제러미의 신앙을 흔들었다. 그는 하나님에게 멜리사를 낫게 해달라며 수없이 울며 기도해왔다. 그래서 아내의 너무 이른 죽음은 하나님의 배신처럼 느껴졌다. 과연 하나님이 있기나 한 것인가? 고향으로 돌아와 실의에 빠져 지내던 어느 날 소파에 앉아 있는데 누가 자신에게 말하는 것 같았다. "기타를 집어 들어라." 주변을 둘러보았는데 아무도 없었다. 하나님의 메시지라고 느낀 제러미는 기타를 집어 들고 10분 만에 '난 아직도 믿습니다I Still Believe'란 노래를 작곡했다. 이 곡은 크게 히트하여 현재 유튜브에서 650만 뷰를 기록하고 있다. 2020년에는 제러미의 이야기가 영화로도 만들어졌다.

린지 본Lindsey Vonn은 20년간 미국 스키 종목을 주름잡은 전설적 선수다. 20회의 월드컵 타이틀, 3개의 올림픽 금메달, 7개의 월드 챔피언십 메달을 따낸 후 2019년에 은퇴했다. 린지가 세운 총 82번의 월드컵 승리는 전무후무한 기록이다. 린지는《일어서기: 나의 이야기Rise: My Story》란 회고록에서 세계 최강자의 자리에 오르기까지 겪었던 좌절과 도전을 어떻게 극복했는지를 소상하게 털어놓는다. 수많은 부상을 당했고 몇십 년 넘게 남몰래 우울증과 싸웠다. 자신감도 잃었다. 그러나 실패에 굴하지 않고 위험을 무릅쓰고 신체가 감당할 수 있는 수준을 넘어선 목표를 향해 전진했다. 그 결과 미국 스키 종목 역사상 가장 많은 메달과 우승을 따낸 선수로 등극했고, 다른 여성 운동 선수들의 귀감이 되었다.

린지는 스키가 전통인 집안에서 자라났다. 할아버지, 아버지를 비롯한 집안 사람들 대부분이 스키광이었다. 린지도 자연스럽게 스키를 접했고 어릴 때부터 뛰어난 실력으로 주변 사람들의 눈길을 끌었다. 2002년 동계 올림픽이 미국 솔트레이크시티에서 개최되기 8년 전, 가족끼리 저녁을 같이하는 자리에서 린지는 올림픽에 출전하겠다는 포부를 밝혔다. 당시 린지의 나이는 9살이었다. 그의 부모는 어린 딸이 괜히 해보는 소리가 아닌가 의심했다. 어릴 때 운동에 심취한 아이 중 올림픽에 출전하겠다고 말하는 아이가 한둘인가? 아버지는 이렇게 말했다.

> 네가 '이 길을 선택해서' 올림픽에 나가겠다면, 다른 아이들은 하지 않는 노력을 해야 거기 도달할 수 있어. 친구 집에 놀러가서 자고 오지도 못하고, 학년 말 프롬 댄스 파티에도 못 가고, 다른 아이들이 즐기는 많은 것을 못 하게 된다.

린지는 주저 없이 "네"라고 답했다. 아버지는 곧바로 올림픽과 그 후에 할 일까지 포함한 10년간의 훈련 과정을 짜기 시작했다. 아버지는 딸이 운동에만 올인하지 않고 공부에도 심혈을 기울이도록 지도했다. 올림픽에 대한 꿈이 좌절될 경우를 대비한 백업 플랜이었다. 아버지는 어린 딸의 꿈을 철없는 생각으로 치부하지 않았다. 딸의 의지와 재능을 높이 샀고, 꿈을 이룰 수 있도록 올림픽까지 가는 여정에 동행했다. 린지는 회고록에서 아버지의 응원과 지도가 없었으면 자신의 성공도 없었을 것이라고 밝혔다.

우리는 인생에서 수많은 갈림길에 선다. 그중 특정한 길을 선택하는 동기는 다양하다. 세라 프레이의 이야기처럼 다른 사람이 선택한 길을 반면교사로 삼아 길을 선택할 수 있다. 제러미 캠프의 이야기처럼 누군가를 진심으로 사랑해서 힘든 길인 줄 알면서도 선택하는 경우도 있다. 또 린지 본의 이야기처럼 그 길이 자신의 꿈이기 때문에 선택하기도 한다. 동기는 다르지만 세 사람의 이야기에는 공통점이 있다. 모두 마음속으로 생각하기에 옳다고 믿은 길을 선택했다는 점이다. 그것을 영어로는 '자신의 마음을 따르다follow your heart'라고 한다. 스티브 잡스 Steve Jobs는 2005년 스탠퍼드대학교 졸업식 축사에서 다음과 같이 말했다.

다른 사람들의 의견이란 소음에 여러분 내면의 목소리가 잠기게 하지 마십시오. 가장 중요한 것은 여러분 마음과 직감을 따를 용기를 지니는 겁니다. 그 마음과 직감은 여러분이 무엇이 되고 싶어 하는지를 가장 잘 알고 있습니다. 다른 것은 모두 부차적입니다.

물론 그렇게 선택한 길에 많은 역경이 있을 수 있다. 그렇지만 쉽기만 한 길이 어디 있을까? 길을 선택해서 걸어가고, 가다 헤매기도 하고, 너무 힘들면 새 길을 뚫어보기도 하고, 막히면 돌아서서 다른 길로 가고. 인생은 미리 그려진 경로를 따라가는 것이 아니라, 그렇게 가면서 경로를 그려가는 과정이다. 중요한 것은 내 마음속에서 옳다고 믿는 '나의 길'을 가는 것이다.

인생의 짐은 내려놓고
가볍게 여행하라

여행을 자주 다니는 사람들에게는 중요한 원칙이 하나 있다. '짐을 가볍게 싸서 가볍게 여행하기pack light. travel light'다. 30개국 이상을 혼자 여행한 여행가 앨리슨 팰런Allison Fallon은《영감을 얻어 여행하고 영감을 주기 위해 여행하기Inspired to Travel, Travel to Inspire》란 회고록에서 여행을 계획할 때는 꼭 필요한 짐만 최소한으로 싸라고 조언한다. 불필요한 짐을 아득바득 끌고 다니는 대신 빨리 이동할 수 있는 자유를 선택하라는 말이다.

회계사이자 기업가인 데이비드 터너David Turner는 젊었을 때 약 3,540킬로미터에 달하는 애팔래치아 트레일을 여러 번 하이킹했다. 그 후 40년 동안 세상일에 바빠 그때 경험을 잊고 살았다. 그러던 어느 날 고등학교 동창이 문득 건넨 질문이 인생의 전환점이 된다. "애팔래치아 트레일에 다시 가보고 싶지 않아?" 그렇게 해서 데이비드는 다시 애팔래치아 트레일을 걷기 시작한다. 그는 자신이 하이킹 전문가라고 생각했다. 특히 그곳은 여러 번 가봤기 때문에 큰 어려움을 예상하지 않았다. 그러나 40년 후에 와보니 많은 것이 달라져 있었다. 게다가 초반에 발목이 삐는 사고를 당한다. 더 이상 하이킹을 계속할 수 없는 상태여서 데이비드는 산을 내려가 도움을 구하기로 했다. 지도를 보니 조금만 내려가면 도로가 나오고 거기서 가까운 곳에 쉼터가 있었다. 쉽게 내려갈 수 있다고 생각했는데, 내리막길이 중간에 끝나고 다시 오르막길이 나왔다. 그 위에는 산맥이 늘어서 있었다. 자신이 생각했던 도로는 그 산맥 건너편에 있었다. 날이 어두워지기 시작하자 그는 상황이 처음에 생각했던 것과 달리 매우 위험하다는 것을 깨달았다. 그러나 앞으로 계속 가는 것 외에는 다른 길이 없었다. 다시 언덕길을 오르며 데이비드는 인생에 관하여 생각했다. 만약 살 날이 하루만 남았다면 사람들은 무엇을 할까? 공기 중의 꽃내음. 주변의 자연색들. 작은 소리들. 평소에 느끼지 못했던 것들이 갑자기 소중해질 것 같았다. 데이비드는 애팔래치아 트레일 중 아직 걷지 못한 구간을 마저 걸어 기록을 완성하겠다는 목적으로 돌아왔다. 그러나 그것이 잘못된 생각임을 깨닫는다. 목적지까지 가서 깃발을 꽂는 것보다 길을 따라가며 매 순간 느끼는 자연과의 교감이 더 소중했다. 계속 걸어 마침내 정상을 넘자 내리막길이 나왔다. 애팔래치아 트레일을 다시 걷는 것의 의미를 새롭게 깨달은 데이비드는 구조되어 치료받은 후 하이킹을 계속하고 싶다고 간절하게 생각했다. '그래, 어떻게 하든 일단 이 산을 무사히 내려가야 해.' 데이비드는 등에 지고 있던 짐 중 당장 필요하지 않은 것들을 버렸다. 짐이 가벼워야 발목에 무리가 적고 그만큼 빨리 하산할 수 있었기 때문이다. 2020년에 그가 출간한《거의 다 왔다: 매우 다른 길Almost There: A Path Quite Different》에 실린 내용이다.

인생 여정도 마찬가지다. 데이비드처럼 인생길에 불필요한 짐은 골라 덜어내야 한다. 짐이 적어야 걷는 데 힘이 덜 들고 더 멀리 갈 수 있다. 위험에 빠지더라도 신속하게 탈출할 수 있다. 영어에서는 미련, 후회, 탐욕, 집착, 원한 같이 인생 발길을 무겁게 하는 짐을 내려놓는 것을 '렛 고let go'라고 한다. '손에 잡고 있는 것을 놓아주다'라는 뜻이다.

유명 블로거이자 교사였던 앨리 베스터펠트Ally Vesterfelt는 미국 50개 주 전체를 자동차로 여행하겠다는 꿈이 있었다. 어느 날 앨리는 친구와 함께 직장을 그만두고 모든 소유물을 팔아 치운 후 꿈을 실현하기 위해 6개월간의 자동차 여행을 떠난다. 쉬운 결정이 아니었다. 대학 4년, 대학원 2년 반, 인턴 생활 끝에 얻은 안정된 직장을 포기한다? 매달 갚아야 할 학자금, 월세 계약한 아파트, 소파, 옷장, 가전제품 등은 어떻게 하고? 앨리가 고개를 설레설레 저을 때 친구가 물었다. "그까짓 소파와 옷장 때문에 평생 경험을 포기할 거야? 렛 고!" 그렇게 떠난 여행 경험을 쓴 책이《가볍게 짐 싸기: 짐을 덜 지고 사는 생활에 대한 소고Packing Light: Thoughts on Living Life with Less Baggage》이다. 이 책에서 앨리는 도로 여행과 마찬가지로 인생 여정에서도 짐을 내려놓고 가볍게 여행하는 것이 얼마나 중요한지를 이야기한다.

데임 스테퍼니 셜리Dame Stephanie Shirley는 1933년 독일에서 출생한 유대인이다. 제2차 세계대전 때 유대인 난민 아동을 소개한 영국의 킨더트랜스포트 작전 덕분에 나치 독일에서 구출되어 영국으로 갔다. 그 후 케임브리지대학교에서 수학을 전공하고 컴퓨터 소프트웨어 프로그래머가 되어 영국 최초의 소프트웨어 회사를 설립했다. 기업가로 성공한 후에는 자선사업에 헌신했다. 데임 스테퍼니는 2019년에 《놓아주기Let it Go》란 자서전을 출간했다. 자서전에서 그는 사업과 인생에서 쥐고 있던 것을 놓는 일이 얼마나 중요한지를 이야기한다. 그는 자신이 키운 기업의 소유권을 직원들과 후계자에게 넘겼다. 그랬더니 기업이 더 크게 성공했고, 70명의 백만장자가 탄생했다.

> 소유권을 넘길 때마다 어느 하나 쉬운 것이 없었다. 그렇지만 매번 '내려놓는 것'이 옳은 일임을 알고 있었다. 내가 없어도 각 조직은 번성했다. '내가 없음에도 불구하고'가 아니라 '내가 없었기' 때문이다.

기업 경영권을 넘겨받은 직원들은 기업이 자신들 것이므로 최선을 다했다. 데임 스테퍼니의 '내려놓기'는 직원들에게 엄청난 동기 부여가 되었고 그로 인해 놀라운 성공 신화가 탄생했다. 그는 기업만 내려놓은 것이 아니다. 자신이 쌓은 부를 자선사업을 통해 내려놓았다. 그는 부를 축적할 때보다 내려놓았을 때 더 큰 행복과 만족감을 느꼈다고 말했다.

조앤 그린Joanne Greene은 성취욕이 강한 사람이었다. 샌프란시스코에서 라디오와 텔레비전 방송 생활을 시작했고, 각종 방송상을 수상한 특집 프로그램과 토크쇼 등을 수십 년간 기획하고 직접 진행하기도 했다. 결혼 생활과 부모 역할에서도 완벽을 추구했다. 그러자 자신도 모르는 사이에 인생과 일의 모든 부분을 직접 관리하고 통제하지 않으면 불안해지는 집착이 생겼다. 그러던 어느 날 건널목을 건너다 차에 치이는 사고를 당한 나머지 고통스러운 치료와 재활 과정을 겪어야 했다. 환자가 된다는 것은 타인의 손에 자신을 전적으로 맡기는 취약한 상태를 말한다. 그러한 상황에서 조앤이 추구했던 완벽함과 더 큰 성취에 대한 집착이 천천히 무너지기 시작했다. 동시에 손에 쥔 것을 내려놓았을 때 마음이 편안해지고 정신이 자유로워지는 것을 경험했다. 조앤은 《사고 겪기: 내려놓기 회고록By Accident: A Memoir of Letting Go》에서 다음과 같이 말한다.

> 나는 전에도 '내려놓는 법'을 배울 기회가 있었다. 그렇지만 잃어버린 것을 아쉬워하며 다시 옛날 생활 방식으로 돌아가곤 했다. 그런데 사고가 나를 발가벗기고 다른 사람들에게 완전히 의존하게 만들었다. 뼈에 금이 갔고, 동시에 [옛날 방식을 고집하던] 철갑에도 금이 생기기 시작했다.

오래전 나는 법정 스님의 《무소유》를 읽은 적이 있다. 이 책에서 법정 스님이 강조한 것도 쓸데없는 인생 짐을 내려놓으란 것이다.

무엇인가를 갖는다는 것은 다른 한편 무엇인가에 얽매이는 것, 그러므로 많이 갖고 있다는 것은 그만큼 많이 얽혀 있다는 뜻이다. ♦

법정 스님의 '무소유 정신'을 영어로 말하면 '렛 고 스피릿let go spirit'이다.

그렇지만 말이 쉽지, 가진 것을 내려놓기가 그리 쉬운 일인가? 앞서 언급한 사람들도 내려놓기로 결정하기 전까지 많은 고민과 망설임을 겪었다. 한꺼번에 모든 것을 내려놓는다는 것은 비현실적이다. 그렇다면 인생 여정에서 발걸음이 무거워질 때마다 짐을 풀어서 불필요한 것을 한 번에 하나씩 골라 내려놓으면 어떨까? 하나 정도는 버릴 수 있을 것 같다. 다음에 또 하나. 그다음에 또 하나. 그리고 또 하나. 렛 고!

♦   법정, 《무소유》, 범우사, 1999

한 번에
한 걸음씩 나아가라

끝없이 이어진 길이 정상을 넘어 지평선으로 뻗어 있다. 나 자신에게 상기시킨다. 지금 할 수 있는 일은 목적지까지 발목이 버텨줄까 하는 걱정은 잊고 '한 걸음씩 내딛는 것'뿐이라고.

배우 샘 휴언Sam Heughan의 회고록 《웨이포인츠Waypoints》에 나오는 대목이다. 샘은 촬영 일정이 일주일간 비는 틈을 타서 스코틀랜드의 유명 하이킹 코스인 약 155킬로미터 길이의 웨스트 하이랜드 트레일을 걸었다. 6일 동안 걸은 그는 여러 번 미끄러지고 넘어져 발목을 다쳤다. 절뚝거리는 다리로 포기하지 않고 목적지까지 갈 수 있는 방법은 한 가지였다. 머릿속의 모든 생각을 비우고 한 걸음 한 걸음에 집중하는 것이었다. 장거리 하이킹하는 사람들이 공통적으로 하는 말이 있다. 목적지까지 남은 거리를 머릿속으로 계속 생각하면 발걸음이 무거워지고 힘들다고. 장거리를 완주하는 비결은 걷기에 몰입하여 한 번에 한 걸음씩 꾸준히 나아가는 거라고. 이를 영어로는 '한 번에 한 걸음씩 가다take one step at a time'라고 한다.

뇌성마비를 극복한 조니 애거Johnny Agar의 인생사도 한 번에 한 걸음씩 내디딘 인간 승리 이야기다. 미숙아로 태어난 조니는 뇌성마비 진단을 받았다. 의사는 그에게 지적장애가 있을 뿐만 아니라 평생 걷지 못할 것이라고 했다. 하지만 조니는 프로야구팀 디트로이트 타이거스에서 투수 생활을 한 아버지처럼 운동선수가 되고 싶었다. 아버지는 아들 조니가 운동 대회를 경험하도록 해주고 싶어서 5킬로미터 경주 대회에 같이 참가하기 시작했다. 아버지는 특수 휠체어에 조니를 태우고는 밀면서 달렸다. 그러던 어느 날 조니는 아버지의 도움 없이 혼자 힘으로 일부 구간이라도 걸어서 진짜 운동선수가 되겠다고 결심한 후 맹훈련에 돌입했다. 그러고는 2013년 미시간주에서 열린 세인트패트릭 5킬로미터 경주 대회의 초반 1.5킬로미터 구간에서 휠체어에서 일어나 걷기 시작했다. 달팽이처럼 느렸지만 평생 처음 혼자 힘으로 골인 지점을 향해 한 걸음씩 내디뎠다. 골인 지점에 도달할 때는 참가자 대부분이 모여 박수로 응원했다.

세인트패트릭 5킬로미터 대회에서 첫 1.5킬로미터를 걷는 데 1시간 45분이 걸렸다. 실제로는 19년이 걸린 것이다.

가슴 뭉클한 감동과 영감을 주는 조니의 장애 극복 과정 이야기는 2021년에 출간된 《불가능한 마일: 인생을 한 번에 한 걸음씩 사는 힘 The Impossible Mile: The Power in Living Life One Step at a Time》이란 회고록에 담겨 있다. 조니는 경주뿐 아니라 인생에서도 불가능하다고 여겨졌던 일을 가능한 일로 바꿔놓았다.

클리스터 화이트허스트믐스Cleaster Whitehurst-Mims는 미국 신시내티 흑인 사회의 선구자이자 귀감으로 존경받는 80대 후반 여성이다. 클리스터는 1934년 남부 앨라배마주에서 땅콩 농장 소작농의 딸로 태어났다. 당시는 미국에서 민권운동이 시작되기 이전이었고, 특히 남부는 흑인에 대한 차별이 심했다. 흑인들은 제2차 세계대전의 독일군 포로보다 더 심한 차별을 받았다. 이들은 서로 돕고 의지하는 상부상조 정신으로 어려운 현실을 견뎌냈다. 클리스터가 청소년기에 경험한 인종차별은 가난과 차별을 딛고 흑인 사회의 대표적 교육자로 성장하는 밑거름이 되었다. 결혼 후 아들을 낳은 그는 아이가 3살이 되자 신시내티의 재비어대학교에 입학해서 8살 이상 어린 학생들과 함께 공부하기 시작했다. 당시 재비어대학교는 여학생을 받지 않았지만 클리스터는 특별 입학 허가를 받았다. 캠퍼스에서 유일한 흑인 여학생이었던 그는 4년 후 최우수 졸업생의 영예를 안고 졸업했다. 이후 교직자의 길에 들어서 30년 동안 신시내티 공립학교에서 교편을 잡고 재비어대학교에도 출강했다. 1991년에는 유치원부터 8학년까지 가르치는 사립학교를 설립하여 크게 성공시켰다. 나중에 재정적 어려움과 교과 과정에 대한 교육 당국과의 마찰 등으로 학교 운영을 접어야 했지만, 흑인 교육에 헌신한 클리스터는 '현대판 테레사 수녀'라는 별칭으로 불렸다. 2016년 클리스터는 《한 번에 땅콩 하나씩One Peanut at a Time》이란 자서전을 출간했다. 땅콩 농장에서 자라 흑인 사회의 대표적 교육자가 되기까지의 인생사는 말 그대로 '한 번에 한 걸음씩 걸어가는' 도전의 여정이었다.

'한 번에 한 걸음씩'은 배움에도 적용되는 라이프 레슨이다. 스티브 워즈니악Steve Wozniak은 스티브 잡스와 함께 애플사를 공동 창업한 인물이다. 그는 첫 번째 상업용 PC인 애플-1을 만들어 개인 컴퓨터 산업 발전에 획기적으로 공헌했다. 《아이워즈iWoz》란 회고록에서 워즈니악은 자신이 컴퓨터 엔지니어의 길로 들어서는 데 결정적 계기가 된 과학 박람회에 관해 이야기한다. 8학년 때 그는 샌프란시스코에서 열린 과학 박람회에 '더하기/빼기 기계Adder/Subtracter'를 출품했다. 가로와 세로가 30센티미터 정도인 판에 트랜지스터를 꽂고 연결한 후 0과 1의 이진수를 나타내는 스위치를 배열했다. 스위치로 숫자를 입력하면 기계가 자동으로 더하기와 빼기의 결과를 보여주었다. 워즈니악은 이 작품으로 전자 분야의 공군 최고상을 수상했다. 회고록에서 그는 이 같은 과학 프로젝트를 수행하면서 평생 도움이 된 중요한 가치를 배웠다고 회고한다. 인내심patience이다.

나는 3학년부터 8학년까지 다양한 과학 프로젝트를 수행하면서 책 한 권도 읽지 않고 전자 장치 만드는 법을 차근차근 익혔다. 애플 및 다른 기업에서 일하면서 중간 과정을 생략

하고 새로운 수준에 도달하려 시도하는 사람을 많이 봤다. 그것은 불가능하다. 누구에게도 현 수준보다 두 단계 위에 있는 지식을 가르칠 수 없다. 내 아이들뿐 아니라 내가 지도한 5학년 학생들에게도 항상 주문처럼 반복해서 강조한 말이 있다. '한 번에 한 걸음씩'이다.

영미인들은 '한 번에 한 걸음씩'과 더불어 '현 순간에 있다be in the moment'란 표현을 즐겨 쓴다. 한 번에 한 걸음씩 내딛는 것은 목적지를 생각하거나 결과를 미리 걱정하지 않고 지금 이 순간 내딛는 걸음 하나하나에 집중하는 것이다. 살아간다는 건 장거리 하이킹 코스를 걷는 것과 다르지 않다. 미끄러지기도 하고 넘어지기도 하며 굴러 떨어지기도 한다. 팔다리에 찰과상을 입고, 발목을 삐거나 발에 물집이 생겨 절룩거리며 걷게 될 때도 있다. 남은 거리가 아득하기만 하고 포기하고 싶을 때도 있다. 장거리 인생길을 완주하는 유일한 방법은 지금 이 순간에 집중해서 한 번에 한 걸음씩 나아가는 것이다.

자신에게 맞는
보폭을 찾아라

앞의 이야기에서도 등장한 샘 휴언은 야생의 자연을 홀로 걸으며 인생을 반추하는 가운데 여러 라이프 레슨을 얻었다. 그중 하나는 '자신에게 진실되어라be true to yourself'였다. 샘은 출연한 드라마가 인기를 얻으면서 유명세를 치르기 시작했다. 유명세에는 대가가 따른다. 일반인처럼 혼자 쇼핑하거나 산책하며 일상생활하는 것이 어려워졌다. 길거리에서 알아보고 말 거는 사람, 사인이나 사진 촬영을 요구하며 붙잡는 사람들 때문이었다. 그는 동네에서 조깅하거나 산책할 때 후드를 뒤집어쓰고 검은 선글라스를 쓰고 머리를 숙이고 다녔다. 그때마다 자신을 당당히 드러내고 다닐 수 있는 자유가 그리웠다. 스코틀랜드 웨스트 하이랜드 트레일에서 6일간 하이킹하는 동안 샘은 자신을 숨길 필요가 없었다. 주변에 자신을 알아보는 낯선 사람이 없었다. 남의 시선을 의식하지 않으니 전에 느끼지 못했던 바람, 꽃, 들풀, 하늘, 구름, 물 등이 눈에 들어오고 세상의 소리가 들렸다. 그렇게 타인을 의식하는 짐을 내려놓으니 걷는 것도 쉬워졌다. 일정한 페이스로 자신의 리듬을 찾아 걷기 시작했고, 최종 목적지 근처 마을을 지날 때도 얼굴을 가리지 않았다. 저서 《웨이포인츠》에서 샘은 이렇게 말했다.

> 그날 오전 나는 얼굴 가리개 뒤에 숨는 것을 멈췄다. 그러고는 편안한 마음으로 호흡하기 시작했다. 나는 이제 '내 보폭을 찾았다.' 2일째 시도했던 파워워킹보다 훨씬 느긋한 걸음이었지만 속도는 결코 느리지 않았다. 걸어야 한다는 당위 때문이 아니라 걷는 것이 즐거우니 몸을 움직이기가 쉬워졌다. 나 자신의 발소리를 벗 삼아 일정한 리듬으로 몸을 흔들며 길 위를 걸었다. 주변 경치가 천천히 바뀌었다. 짧은 기간 동안 나는 많은 변화를 겪었다. 아침 산책을 나온 부부와 마주쳐도 더 이상 고개를 숙이지 않는다. 오히려 손을 흔들며 먼저 말을 건다. 안부를 묻고, 좋은 날씨가 오래 지속되면 좋겠다며 인사를 건넨다.

하이킹이든 마라톤이든 힘을 적게 들이고 멀리 가려면 꾸준한 페이스로 걷거나 달릴 수 있는 리듬을 찾는 것이 중요하다. 영어로는 '보폭을 찾다find my stride' 또는 '보폭을 때리다hit my stride'라고 한다. 하이킹이나 달리기만이 아니라 인생길에서도 '나의 보폭'을 찾는 것이 중요하다. 그래야 능률이 오르고 자신감이 생긴다. 물론 보폭을 찾는 방법은 상황에 따라 다르다. 샘은 자신을 숨기지 않고 당당히 드러냈을 때 자신의 보폭을 찾을 수 있었다.

샘처럼 어떤 일을 계기로 보폭을 찾는 경우도 있지만, 대부분은 여러 번의 시행착오가 필요하다. 마라톤에서도 여러 번 실제로 뛰어봐야 자신에게 맞는 페이스와 보폭을 발견하는 것과 같은 이치다. 디지털 마케팅 전문가 러셀 브런슨Russel Brunson은 2013년 3월 청취자에게 마케팅 비법을 알려주는 〈차에서 듣는 마케팅Marketing in Your Car〉이란 팟캐스트 프로그램을 시작했다. 당시 그가 운영하던 마케팅 회사는 파산 상태에 몰리며 큰 위기를 맞고 있었다. 그는 회사를 운영하면서 얻은 경험을 공유하기 위해 짬짬이 시간을 내서 프로그램을 만들기로 했다. 매일 차로 10분 거리에 있는 회사에 출근하는 동안 휴대전화에 팟캐스트 내용을 녹음했다. 그런데 처음 해보는 일이라 모든 것이 서툴렀다. 유일한 청취자이자 모니터 요원이었던 그의 친구는 훗날 이렇게 말했다. "처음 45회 정도는 솔직히 많이 부족했지. 그런데 바로 그 이후부터 자네가 자기 목소리를 찾은 것 같더라고." 러셀은 저서 《전문가 비밀Expert Secrets》에서 다음과 같이 말한다.

내가 초기에 45회의 팟캐스트를 만들어 방송하지 않았다면, '내 보폭을 찾기' 시작한 46회째 팟캐스트는 영영 만들지 못했을 거다. 그래서 처음에는 잘 못하더라도 자신의 팟캐스트를 만들어 방송하는 것이 중요하다. 진행하는 과정에서 자신의 목소리를 찾기 때문이다.

제니 리스크Jenny Lisk는 미국 시애틀에 거주하는 행복하고 평범한 가정주부였다. 2015년의 어느 날 43세의 남편이 어지럼증을 호소했다. 며칠간 증상이 점점 심해졌기 때문에 남편은 병원에서 진찰을 받았다. 결과는 충격적이었다. 교모세포종이라는 뇌종양의 말기라는 진단이었다. 제니의 남편은 수술과 방사선·항암 치료에 들어갔다. 제니는 언제든 죽음을 맞이할 수도 있는 남편을 간호하며, 비슷한 일을 당할지 모르는 사람들을 위해 짧게나마 간병 일기를 적어 블로그에 올리기 시작했다. 처음에는 사실적 내용만 기계적으로 기록했다. 그런데 블로그를 읽은 사람들이 격려하는 댓글을 달고 제니가 거기에 답글을 달면서 글이 변화하기 시작했다. 남편과 자신의 인생 여정에 대한 소회, 하루하루 겪는 현실의 의미에 대한 생각을 담기 시작했다. 자신이 왜 블로그에 글을 쓰는지, 그 의미는 무엇이며 어떤 내용을 담아야 하는지가 명확해지자 글쓰기 작업에 탄력이 붙기 시작했다. 제니는 남편이 사망한 후인 2021년에 블로그의 글들에 당시를 회고하는 글을 추가하여《미래의 미망인: 남편을 잃고 가족을 구하고 내 목소리를 찾기Future Widow: Losing My Husband, Saving My Family, and Finding My Voice》란 책을 출판했다. 그는 자신의 글쓰기가 자리 잡아가던 시점에 대해 다음과 같이 썼다.

이 글들을 보니 내용이 변하는 것이 보인다. 이전의 글들은 남편의 상태와 그날 있었던 일들에 관한 정보를 주로 담았다. 그런데 이후의 글을 보니 나의 글쓰기 작업이 '보폭을 찾기' 시작한 것이다. 내 목소리가 조금씩 담겼다. 우리가 함께 하루하루 걸어가는 여정에 대한 생각을 점점 더 많이 적게 되었다.

이 책은 각종 문학상을 받으며 베스트셀러가 되었고, 현재 제니는 작가로 활동하고 있다. 글을 쓰고 작가가 되는 것도 일단 글쓰기를 시작하고 꾸준히 쓰는 경험을 쌓는 데서 시작한다. 그러다 보면 자신의 보폭을 발견하여 글이 자연스러워지고 자신감이 붙는다.

새로운 직장 생활, 사업, 기타 도전적 일을 시작했는데 일이 어렵고 능률이 안 오르고 갈팡질팡하고 있다면 아직 그 분야에서 자신의 보폭을 찾지 못했기 때문이다. 보폭을 찾는다는 건 '일에 익숙해지고 노련해지는 것'이다. 노련함은 경험에서 온다. 전 세계에 4백 개 기업을 거느린 버진 그룹을 세운 영국 사업가 리처드 브랜슨Richard Branson은 "규칙을 따르는 것만으로는 걸음을 배우지 못한다. 실제로 걸어보고 넘어져야 한다"라고 말했다. 당장은 서툴고 실수도 많지만 시행착오 과정에서 자신의 보폭을 찾을 거란 믿음을 갖고 포기하지 말자. 물론 무작정 계속 시도하는 것은 '벽돌 벽에 머리 부딪히기'가 될 수도 있다. 시행착오를 겪을 때마다 원인을 분석해야 한다. 그러나 중요한 것은 시도를 멈추지 않는 것이다. 러셀이 45번째 팟캐스트를 만든 후 안 되겠다고 포기했다면 46번째 방송에서 자신의 보폭을 찾아 도약한 일은 영영 없었을 것이란 점을 기억하자.

머리는 구름 속에
발은 땅에 두어라

소나무가 복도처럼 늘어선 길을 따라가면서 높이가 약 20
미터에 달하는 소나무 꼭대기를 올려다볼 때는 '발을 지면
에서 떼지 마세요.'

위의 인용문은 하이킹 코스를 소개하는 다이앤 스트레싱Diane
Stresing의 《60마일 이내의 60개 하이킹 코스: 클리블랜드60 Hikes Within 60
Miles: Cleveland》에 나오는 문구다. '발을 지면에서 떼지 않다'라는 우리말
을 영어로 표현하면 '땅 위에 발을 유지하다keep your feet on the ground'이
다. 높은 나무 꼭대기를 올려다보느라 고개를 뒤로 젖히고 걸으면 발
을 지면에서 뗄 때 균형이 흔들려 뒤로 넘어질 위험이 있다. 땅 위에 두
발을 딛고 선다는 것은 안정된 상태를 비유할 뿐 아니라 현실을 명확

히 이해한다는 것을 의미한다. 영미권에는 "머리는 구름 속에 두되 발은 지면에 두라Keep your head in the clouds and your feet on the ground"라는 속담이 있다. 구름 속의 머리는 야망, 포부, 이상, 비전을 의미하고, 땅 위에 디딘 발은 현실과 실용을 의미한다. 영미권의 회고록과 자서전에는 '구름 속 머리'보다 '땅 위에 발 딛기'의 중요성을 강조하는 내용이 훨씬 많다. 그만큼 현실을 정확히 이해하는 것이 중요하기 때문이다.

브리지트 바르도Brigitte Bardot는 1950~1960년대에 섹스 심벌로 이름을 날린 프랑스 배우다. 그러나 1970년대에 돌연 영화계를 떠나 동물 보호 운동가로 변신했다. 그 후 자신의 명성을 지렛대 삼아 전 세계를 다니며 동물 권리 보호에 정열을 쏟아부었다. 브리지트는 회고록《투쟁의 눈물Tears of Battle》에서 자신의 꿈과 현실에 관하여 이야기한다.

나의 투쟁은 꿈의 산물이다. 그 꿈은 엉뚱한 상상이면서도 정의에 대한 욕구였다. 나의 투쟁은 이상의 산물이지만 나는 항상 '땅 위에 발을 딛고' 있었다.

브리지트는 자신을 '몽상가dreamer'인 동시에 '현실주의자realist'라고 묘사한다. 그는 세상의 모든 동물이 사랑받고 존중받기를 꿈꾸지만 실현이 쉽지 않고, 자신의 투쟁에 많은 도전과 난관이 있을 것이라고 말한다. 자신이 유명인이지만 그렇다고 해서 마법의 힘을 지니지는 않았음을 인정한다.

> 브리지트 바르도라는 신분은 내게 어떤 힘도 주지 않았다.
> [···] 나의 기반은 현실이라는 굳은 땅에 고정되어 있다.

    브리지트는 사람들이 자신을 대단한 운동가로 떠받들지만 자신은 마법 지팡이를 가진 슈퍼 히어로가 아니라고 강조한다. 그는 세상의 권력은 대부분 창조보다 파괴를 위해 사용된다고 평가한다. 동시에 동물 보호 운동에서 괄목할 만한 진전이 없는 것에 좌절하기도 하지만, 힘들더라도 자신이 믿는 가치를 위해 계속 투쟁할 것이라는 결의를 밝힌다. 이처럼 이상의 세계를 꿈꾸지만 동시에 자신의 능력을 과대평가하지 않는 것이 중요하다. 원대한 꿈을 품되, 엄연한 현실을 직시하고 그 안에서 꿈을 이루려 노력해야 꿈과 현실을 조화시킬 수 있다.

    냉철한 현실 인식은 사업가에게도 중요한 덕목이다. 〈베스트 키드〉, 〈오션스 일레븐〉 등 여러 흥행작을 제작한 영화 프로듀서 제리 와인트라우브Jerry Weintraub는 수많은 정계 및 재계 인물과 어울리며 할리우드의 파워 브로커로 이름을 날렸다. 2010년 그는 《내가 말을 그치면 죽은 것으로 알라When I Stop Talking, You'll Know I'm Dead》란 회고록을 냈다. 책에서 그는 아먼드 해머Armand Hammer와의 관계를 이야기한다. 어느 날 그는 영화사 중역으로부터 전화를 받았다. 영화사 중역은 의학 박사 출신 사업가인 아먼드에 관한 텔레비전 특집 프로그램 제작을 맡아달라고 제의했다. 당시 아먼드는 세계 최대 정유 회사 옥시덴탈 페트롤리움 CEO였다. 그렇게 아먼드와 인연을 맺은 제리가 그와 만나 대화해보니 사업가뿐만 아니라 협상가로서도 뛰어난 재능이 있었다. 아먼드의 아버지 줄리어스 해머는 러시아 출신 이민자로 미국 공산당에서 영향력 있는 정치인이었다. 1921년 줄리어스 해머는 러시아내전의 부상자들을 돕기 위해 아먼드에게 의약품을 러시아에 전달하도록 했다. 그렇게 해서 아먼드는 블라디미르 레닌을 만났고, 두 사람은 친분을 맺었다. 레닌은 아먼드가 러시아 경제 재건에 필요한 서방의 도움을 끌어오는 통로가 되어줄 것을 기대했고, 아먼드는 러시아에서 독점적 사업 기회를 얻을 수 있었다. 어느 날 레닌은 아먼드를 불러 말했다. "이보게, 자네가 러시아의 모든 것을 가질 수는 없으니까 산업 하나를 고르게. 그러면 자네에게 줄 테니." 아먼드는 잠시 생각하고는 '연필'을 달라고 했다. 의아한 표정을 짓는 레닌에게 그가 설명했다. "이 나라 인구는 수억 명이고, 학교에 다니는 학생 수만 해도 수백만 명입니다. 그 모든 학생에게 연필이 필요하지 않겠습니까?" 제리 와인트라우브는 이 일화를 두고 아먼드 해머를 다음과 같이 평가했다.

> 해머는 그런 사람이었다. 머리는 구름 속에 있지만 '발은 땅 위에 두고 있는' 사람.

아먼드 해머는 일상을 형성하는 기본적인 것을 중시했다. 러시아 차르를 물리친 레닌 앞에서 연필 산업을 달라고 이야기할 정도로 철저히 현실적이고 실용주의적이었다.

땅 위에 발을 디딘다는 것은 성공하고 잘 나갈 때도 가슴에 간직해야 할 교훈이다. 2021년 세상을 떠난 베티 화이트Betty White는 7개의 에미상, 3개의 코미디상, 3개의 영화배우협회상과 1개의 그래미상을 수상한 베테랑 배우다. 80년 가까이 극장 스크린과 텔레비전 화면을 누비며 〈메리 타일러 무어 쇼Mary Tyler Moore Show〉, 〈골든 걸스Golden Girls〉 등 많은 인기작에 출연했다. 이렇게 큰 인기를 끌고 많은 사람의 추앙을 받을 때도 베티는 2012년에 펴낸 회고록《나에게 묻는다면If You Ask Me》에서 다음과 같은 어머니의 말을 평생 잊지 않았다고 술회했다.

> 베티야, 세상 누구 앞에서든 자신을 속이고 넘어갈 수 있지. 그렇지만 네가 혼자 있을 때 거울 속 너의 눈을 들여다보면 절대 진실을 회피할 수 없단다. 항상 거울 속의 네 눈을 똑바로 쳐다보거라.

베티는 엄마 말이 틀렸다는 것을 입증하기 위해 거울 속 모습을 보면서 진실이나 사실을 부인하려 해보았다. 하지만 매번 실패했다. 거울 속의 눈은 마치 생명이 있는 듯 언제나 진실을 말하고 있었다. 자기 모습을 직시하는 것은 자신에 대하여 환상을 갖지 않는 것을 의미한다. 베티는 사람이 잘 나가고 성공 가도를 달릴 때 특히 냉정한 자아 인식이 필요하다고 강조한다. 주위의 찬사는 에누리해서 들어야 한다. 그 달콤한 말이나 스포트라이트에 취해버리면 자아가 부풀려지고 교만과 우월 의식에 빠지기 쉽다.

가장 어려운 시간은 성공 가도를 달릴 때다. 모든 것이 술술 잘 풀릴 때 말이다. 바로 그때 거울 속의 모습을 기억해야 하고, 성공에 우쭐해서는 안 된다. [⋯] 현재의 것을 성취하기 위해 '발을 땅에서 떼지 않고' 평생 노력했다는 것을 잊지 말아야 한다. 자신의 [부풀려진] 이미지에 도취되지도 말아야 한다. 당신은 누구보다도 자신을 잘 알고 있으니까.

성공 가도를 달리고 사람들이 떠받들 때는 부풀려진 자신의 이미지가 진짜 자신이라고 착각하기 쉽다. 그 착각은 오만과 과대망상으로 이어질 위험이 있다. 자신을 과대평가하고 우월 의식을 갖는 것을 영어로 '빅 에고big ego'를 가졌다고 한다. 빅 에고는 불친절, 상대방 무시하고 하대하기와 같은 오만한 태도로 이어져 자기 환상이란 버블에 갇힌 인생을 살게 된다. 반대로 빅 에고가 없는 사람은 겸손하고 친절하다. 지위 고하를 막론하고 배우자, 친구, 지인, 직장 동료 등 모든 타인을 존경으로 대하기 때문에 많은 사람의 사랑을 받는다. 스티브 잡스는 1997년에 애플의 CEO로 복귀하면서 영입한 존 루빈스타인Jon Rubinstein과 아비 테바니안Avie Tevanian에 대한 신임이 두터웠다. 특히 아비를 소중히 여겼다. 그래서 아비가 회사를 떠나기로 했을 때 크게 아쉬워하며 아비를 다음과 같이 평했다.

아비는 명석하고 매우 나이스한 사람이다. 루비보다 훨씬 그라운드되어 있고grounded 빅 에고를 갖고 있지 않아서 좋다.

여기서 '그라운디드grounded'란 형용사는 '땅에 접지되어 있는'이란 뜻이다. 잡스의 말은 빅 에고의 함정에 빠지지 않으려면 냉철한 자아 평가란 현실에 발을 딛고 있어야 한다는 것을 일깨워준다. 즉, 베티처럼 거울 속 자신의 참모습을 잊지 않는 것이다.

비현실적인 꿈을 꾸는 사람을 몽상가라고 한다. 하지만 세상을 혁신하기 위해서는 몽상가가 필요하다. 우리는 SF 영화에서나 볼 수 있었던 꿈같은 기술과 장치가 현실화되는 세상에 살고 있다. 비현실적일지라도 꿈은 혁신을 이끌어내고 더 나은 세상을 만드는 데 필요한 영감의 원천이다. 그러나 꿈의 한쪽 끝은 현실이란 땅에 뿌리 박고 있어야 한다. 그래야 꿈을 실현하기 위해 극복해야 할 장애물을 사전에 파악하고 대비할 수 있다. 실제 도전에 직면했을 때도 마음의 준비가 되어 있기 때문에 쉽게 포기하지 않는다. 단순히 꿈과 이상만으로 현실에 부딪히면 쉽게 좌절하고 무너지고 만다.

길을 걷는다는 것은 끊임없이 내 발로 지면을 디디는 행위다. 걸으려면 발이 지면에 제대로 닿아야 한다. 인생길에서 발로 디디는 땅은 현실이다. 머릿속에 꿈과 이상을 담고 걷되 발은 현실에 두어야 한다. 그것이 '머리는 구름 속에 두되 발은 땅을 디디며 걷는' 인생 걸음이다.

수많은 갈림길에서
더 나은 선택을 하는 법

시인 로버트 프로스트Robert Frost의 유명한 작품 〈가지 않은 길The Road Not Taken〉은 "노란 숲속에 두 갈래 길이 있었습니다"로 시작한다. 1915년 프로스트가 뉴햄프셔주 자택 근처 숲길을 걷다 영감을 얻어 썼다고 한다. 이 시의 주제는 '갈림길'이다. 영어로는 갈림길을 'a fork in the road'라고 한다. 말 그대로 도로가 포크날처럼 갈라진 곳을 뜻한다.

역사상 가장 성공한 헤지 펀드사로 평가받는 브리지워터의 창립자 레이 달리오Ray Dalio는 《원칙: 삶과 일Principles: Life and Work》이란 회고록을 썼다. 브리지워터는 지금도 건재하지만 시련이 없었던 것은 아니다. 레이가 창업한 후 8년이 지났을 때 투자 결정을 잘못해서 존폐위기를 맞은 적이 있다. 월급을 지급할 돈이 없어지자 모든 직원이 퇴사했고, 마지막까지 남은 동료도 결국 짐을 쌌다. 사업을 접을까 말까?

인생 '갈림길'에 도달한 것이다. 넥타이를 매고 월가의 봉급쟁이가 될까?

　부양해야 하는 아내와 두 아이를 생각하면 그래야 할 것 같았다. 그러나 그것은 레이가 원했던 삶이 아니었다. 그는 결국 포기하지 않고 재도전하기로 결정했다. 그리고 오늘날의 거대 헤지 펀드사를 일궈냈다.

　레이 달리오는 자신이 갈림길에 섰음을 깨달았다. 그러나 종종 많은 사람은 갈림길을 모르고 지나쳤다가 나중에야 그 사실을 알게 된다. 인생에 관한 최고의 회고록 중 하나로 꼽히는 《소금길Salt Path》의 지은이 레이너 윈Raynor Winn은 장장 1,014킬로미터에 달하는 영국 해안 하이킹 코스를 남편과 걸었다. 두 사람은 2008년 외환 위기로 모든 것을 잃고 노숙자 신세가 되었다. 설상가상으로 남편은 파킨슨병과 유사한 피질 기저핵 변성이란 불치병을 진단받았다. 두 사람은 살기 위하여, 생존에 대한 의지를 다시 세우기 위하여 끝없는 해안길을 걷기로 했다. '소금길' 위에서 두 사람은 '천천히 걷는 인생', '삶의 단순한 것들에 대한 사랑'을 배웠다. 남편이 병으로 죽은 후 레이너는 《소금길》의 후속작 《요란한 고요Wild Silence》를 출간했다. 이 책에서 그는 남편과 해안길을 걸으며 부딪혔던 수많은 갈림길을 회고하며 다음과 같이 말한다.

　인생길에서 '갈림길'을 알아차리는 것은 쉽지 않다. 어느 길로 갈지 의식적으로 선택하는 것은 더욱 어렵다.

인생은 둘째 치고 하루의 일만 생각해도 우리는 얼마나 많은 선택을 하는가? 인생은 끝없는 선택의 연속이다. 아침 식사로 뭘 먹을지, 어떤 옷을 입고 출근할지, 구청에 갈 일이 있는데 오늘 갈지 말지, 저녁에 가족 모임에 갈지 동창회에 갈지 등등. 레이너는 그 많은 선택 중 어느 것이 갈림길인지 아는 것이 중요하고, 이후에는 여러 상황을 고려하여 의식적으로 선택해야 한다고 충고한다.

그렇다면 우리는 어느 길을 선택해야 할까? 프로스트의 〈가지 않은 길〉로 돌아가보자. 숲속 갈림길에서 프로스트가 선택한 것은 사람이 많이 다니지 않는 길이었다. 영화 〈죽은 시인의 사회〉에서 로빈 윌리엄스가 분한 교사 존 키팅은 프로스트의 시를 인용하며, 모든 사람이 가는 길 대신 각자의 인생길을 찾으라고 학생들을 독려한다. 프로스트는 사람이 많이 가지 않은 길을 선택하고 보니 '모든 것이 달라졌다'라고 했다. 그곳은 좁고 돌이 많고 꼬불꼬불해서 걷기 힘들 가능성이 높다. 어떤 위험이 도사리고 있을지도 모른다. 그러나 그런 길을 선택할 때 '모든 것이 달라지는' 경험을 하게 된다.

프리앙카 초프라 조나스Priyanka Chopra Jonas는 인도 영화계인 발리우드를 대표하는 배우다. 그는 미국의 기숙학교에서 학창 시절을 보내고 인도로 돌아온 후 우연히 출전한 미스 인도 선발 대회에서 우승했다. 그후 미스 월드 선발 대회에서도 금관을 쓰면서 연기자로 나섰다. 몇몇 영화의 조연을 맡아 발리우드의 관심을 받기 시작하던 25세 때

프리양카는 갈림길에 도달한다. 주인공 역할을 제의받은 것이다. 당시 인도에서 흥행하던 영화 대부분은 남성이 주인공이었다. 여성이 주인공을 맡는 것은 배우 생활에 치명타를 줄 수 있는 도박이었다. 프리양카로서는 연기 경력을 펼치기도 전에 추락할 수 있는 위험한 일이었다. 그러나 충분히 감수할 가치가 있다고 판단한 그는 주연 제의를 받아들였다. 촬영 초반에는 살을 엄청나게 찌우고, 후반에는 슈퍼모델 때보다 몸무게가 가벼워지도록 다이어트를 해야 하는 도전적배역이었다. 결과는 어땠을까? 프리양카는《끝나지 않은 일Unfinished》이란 회고록에서 다음과 같이 말한다.

> 내 통찰력을 믿었고, 난해한 여성 배역을 감독하는 데 뛰어난 감독과 호흡을 맞췄다. 그 결과 '사람이 많이 가지 않은 길'을 선택해서 생애 처음으로 최우수 여배우상을 수상했다.

프리양카와 함께 연기한 배우는 최우수 조연 여배우상을 거머쥐었고, 감독은 최우수 감독상 후보로 지명되었다.

약 40년간 스타벅스 CEO를 맡아 세계 최대 커피 체인으로 키운 하워드 슐츠Howard Schultz는《스타벅스, 커피 한 잔에 담긴 성공신화Pour Your Heart into It》란 책에서 사람이 많이 가지 않는 길을 선택했을 때 어떻게 모든 것이 달라지는가를 이야기한다.

> '사람이 많이 가지 않은 길'을 택하는 사람이 신산업을 일으

키고, 신상품을 고안하고, 장수하는 기업을 만들고, 최고의 성취를 위해 능력의 한계치를 끌어올리도록 주위 사람에게 영감을 준다.

'사람이 많이 가지 않은 길'을 선택한다는 것은 집단의 관습이나 기대에 어긋나더라도 자신의 가치관, 목적, 야망에 맞는 길을 선택하는 것이다. 위험과 불확실성을 감수하고 모험과 개인적 성장을 추구하는 것이다. 그를 통해 현상 유지에서 벗어나 혁신적 아이디어와 해결책을 도모한다. 그러나 이면에는 도전, 실패, 불확실성이란 비용이 존재한다. 주판알을 두드려보면 대부분의 사람이 선택하는 길을 따라가는 쪽이 안전하고 더 이익이라고 판단할 수 있다. 어느 길이 옳다는 규정은 없다. 선택은 개인의 몫이고, 성향과 상황에 따라 달라질 수 있다. 그러나 사회의 기대에 맞춰 살다 보면 갈림길에서 원하는 선택을 하지 못할 때가 많다. 때로는 사회 규범이나 기대에 맞춰 습관적으로 선택한다. 관습적 선택은 인생의 주인이 되는 삶과는 거리가 있다. 자신에게 그런 경향이 있다고 생각하면 다음 갈림길에 도달할 때 사람이 많이 가지 않는 길에도 관심을 가져보자. 프로스트의 말마따나 그 길을 선택해서 모든 것이 달라질지 누가 알겠는가?

아픔을 관리하는
삶을 살아라

장거리 하이킹을 하다 보면 다양한 신체적 통증을 안고 걷기 마련이다. 하루에 수십 킬로미터씩 걷는 것은 신체에 가혹한 일이다. 게다가 울퉁불퉁한 돌길이나 비가 내려 미끄러운 오르막이나 내리막길을 걸을 때는 고통이 배가된다. 장거리 하이킹을 처음 하는 사람은 더욱 그렇다. 경험 많은 하이커는 신체에 무리가 적도록 발을 내딛고 페이스 조절하는 법을 알지만, 초보는 고통을 느껴가며 요령을 익혀야 한다. 인생길도 아픔을 안고 걷는 길이다. 부상당하고 병이 나서 신체적 통증을 느낄 때만이 아니다. 인생길에는 정신적 고통과 아픔도 따른다. 아픔을 겪고, 이겨내고, 그 과정에서 대처하는 지혜를 배우는 것이 삶이다. 영어에서 통증, 아픔이란 뜻의 '페인pain', '허트hurt'란 단어는 신체적 아픔뿐만 아니라 정신적 아픔을 의미하기도 한다. 앞에서도 살펴봤듯이 장거리 하이킹이나 여행을 떠나는 사람 중에는 아픈 과거, 인생의 고달픔에서 벗어나려는 생각에 떠나는 경우가 많다. 광활한 대자연 속을 홀로 걷는 하이킹 길에서, 세계 이곳저곳에서 다양한 삶을 경험하면서 상처받은 정신을 치유한다.

알린 블룸Arlene Blum은 전설적인 여성 산악인이다. 1970년대에 여성 최초로 여성 산악 팀을 이끌고 알래스카 매킨리산과 네팔 안나푸르나를 등정했다. 미국 여성 최초로 에베레스트를 오르기도 했다. 알린은 《트레일 개척하기: 산을 오르는 삶Breaking Trail: A Climbing Life》에서 등산 경험과 그 과정에서 얻은 정신적 치유에 관해 이야기한다. 1971년 12월 알린은 에티오피아로 여행을 떠나 그곳 최고봉인 라스다샨을 포함한 여러 산을 등정했다. 친구 조엘과 토비가 동행했지만 여정 초반에는 과거의 악몽에 시달렸다.

> 낮 동안 거친 세면 트레일을 오랫동안 힘들여 걸을 때는 마음속 동요가 가라앉았다. 그러나 밤이 두려웠다. 꿈속에서 엄청난 눈사태가 나를 덮쳤다. 존 홀이 얼음 속에 영원히 냉동된 모습을 보았다. 때로는 엘리어스산에 함께 가서 모든 사람을 구조하는 꿈을 꾸었다. 다른 날 밤에는 나도 같이 죽는 꿈을 꾸었다. 땀에 젖어 기운이 없는 상태로 깼다. 사랑하는 사람들을 잃은 '아픔'은 에티오피아의 새벽에도 내 안에 통렬하게 남아 있었다.

에티오피아의 산들을 등정하기 전에 알린은 큰 아픔을 겪었다. 3월에는 자신을 끔찍하게 아껴주던 할아버지가 심장마비로 사망했다. 8월에는 가까운 동료 산악인 여러 명이 알래스카와 캐나다 국경 근처의 엘리어스산을 오르다 눈사태로 몰사했다. 유일하게 생존한 토비가 찾아와 비극적 소식을 알려주었다. 할아버지의 갑작스러운 죽음, 친구들의 목숨을 앗아간 사고로 알린은 큰 충격을 받았다. 할아버지의 임종을 지키지 못했다는 죄책감, 친구들과 같이 등반하며 구해주지 못했다는 죄책감에 시달렸다. 비극적 현실 앞에 목 놓아 울고 소리 질렀다. 왜 사랑하는 사람들이 죽고 자신은 살았는지 의아했고, 운명의 선택을 받아들이기 힘들었다. 토비가 제안한 에티오피아 산행을 받아들인 것은 정신적 고통에서 멀어지고 싶어서였다. 알린 일행은 3주 동안 여러 산을 올랐다. 그 과정에서 불화가 생기기도 했다. 세면산을 오를 때 토비는 알린의 속도가 너무 늦다고 불평했다. 알린이 뒤처진 상태에서 조엘과 토비가 먼저 정상에 도달했다. 알린은 토비가 알려준 길을 따라가다 길이 막혀 되돌아와야 했다. 결국 세 사람은 언쟁을 벌였다가 하산 길에 서로 사과하고 화해했다. 길을 가던 도중에 지역 주민과 마주쳐 음식을 나눠 먹으며 화합을 도모하기도 했다. 그리고 일행은 다시 라스다샨 정상을 향해 오르기 시작했다. 천신만고 끝에 정상에 도달한 알린은 마침내 마음속 아픔이 치유되는 듯했다.

밤새 2개의 큰 바위 틈에 끼어 꿈도 꾸지 않고 곤하게 잤다.

새벽이 되기 전에 잠에서 깨어 슬리핑백에 붙은 얼음을 털어냈다. 아침 해가 주변의 아름다운 세상을 비추기 시작하자 마음이 가벼워졌다. 멀리 평야 사이에 솟아 있는 세면산 꼭대기들의 장관은 거대하고 위대했다. 그에 비하면 나의 '아픔'은 작아 보였다. 할아버지가 돌아가신 후 처음으로 마음의 평화를 느꼈다. 높은 곳에 다시 오기 잘했다는 생각이 들었다.

미국 작가이자 라디오 프로듀서 스테퍼니 푸Stephanie Foo는 말레이시아 출신 이민자다. 그는 어릴 때 부모로부터 심한 학대를 당했다. 특히 어머니에게 당한 언어·신체적 폭력은 잔인할 정도였다. 게다가 10대가 되자 부모에게 버림받고 혼자가 되었다. 2023년에 출간되자마자 베스트셀러에 오른 회고록《내 뼈가 알고 있는 것What My Bones Know》에서 스테퍼니는 어린 시절의 뼈아픈 경험, 성인이 되어 복합성 외상후 스트레스 장애C-PTSD 진단을 받은 후 치유하기 위하여 벌인 노력에 관하여 이야기한다. 그는 어린 시절 부모에게 학대당할 때 묵묵히 당하면서 자신이 이겨냈다고 생각했다.

내가 매질당할 때 심하게 울었던 기억이 난다. '신체적 고통' 때문이 아니었다. 그것에는 익숙해져 있었다. 어머니의 말 때문에 울었다. '멍청하다', '흉측하다', '너 같은 애를 누가 원하냐'라는 욕설을 들을 때 입술을 깨물고 손바닥에 손

톱이 파고들 정도로 주먹을 쥐었지만 눈물을 참을 수 없었다. 내가 훌쩍거리면 어머니의 증오심은 더 커져서 다시 뺨을 때렸다. 어머니의 매질과 욕설이 끝나면 눈물을 멈추고 창밖을 내다보았다. 소설 시리즈 《베이비시터스 클럽》을 다시 읽기도 했다. 그 모든 일을 잊고 생활했다I put it all behind me and moved on.

위 글의 영어 표현 '무브 온move on'을 직역하면 '계속해서 움직이다'인데, '아픈 과거사를 잊고 자신의 인생을 산다'라는 뜻으로 쓰인다. 스테퍼니는 그렇게 아픈 어린 시절을 털어냈다고 생각했다. 그런데 성인이 되어 라디오 프로듀서로 성공하고 자신을 아껴주는 남자 친구도 생겼지만 혼자 있을 때는 공황장애를 겪었고 자기도 모르게 울 때가 많았다. 정신과 진료를 받은 그는 C-PTSD 진단을 받았다. 어린 시절 지속적인 학대와 폭력을 당한 성인들에게 흔히 발생하는 질환이다. 스테퍼니가 극복했다고 생각한 어린 시절의 트라우마는 의식속에, 그리고 뼈의 기억 속에 똬리를 틀고 있었다. 성인이 된 후에도 무의식 속에 어린 시절의 아픔과 상처를 지니고 살았던 것이다. 스테퍼니의 회고록이 많은 독자의 심금을 울린 이유는 단순히 어린 시절 겪은 학대에 대한 동정 때문이 아니다. 스테퍼니는 정신적 문제의 원인을 발견한 후 적극적으로 치료 방법을 찾았다. 전문가와의 상담 치료와 더불어 각종 최신 치료법을 찾아 연구하고, 요가, 명상 등 할 수 있는 모든 해법을 강구했다. 또한 자신의 경험과 지식을 비슷한 문제로 힘들어하는 다른 사람들과 적극 공유했다. 스테퍼니의 이야기는 자신의 문제에 적극적으로 대처하려는 자세가 힐링healing의 핵심임을 보여준다. 그에 따르면 힐링은 목표가 아니라 과정이다. 과거의 아픔에서 비롯된 트라우마를 야생동물로 생각하고, 그것과 싸워 이겨낼 수 있는 힘을 길러야 한다. 야수를 길들여 주인이 되는 그 과정이 힐링이다.

> 비록 '아픈 과거의 짐'을 항상 등에 지고 살아야 할지라도 나는 강해졌다. 다리가 더 길어지고 어깨가 넓어지고 단단한 근육이 생겼다. 이전보다 짐이 가벼워졌다. 더 이상 겁먹고 기죽은 모습으로 살지 않는다. 이제 짐이 흘러내리면 추켜맨다. 그리고 야수를 기다리면서 춤을 춘다.

> 나는 나의 감정을 잘 안다. 아무리 암울한 감정이라도 일시적이다. 야수가 아무리 다루기 힘들어도 나는 그 야수의 주인이다. 야수와의 싸움에서 언제나 당당하게 맞서 승리의 깃발을 꽂는다. 나는 아직 살아 있고, 나 자신이 자랑스럽고, 기쁨에 차 있다.

2016~2022년 미국 NBC에서 방영된 〈이것이 우리다This is US〉는 세 형제자매의 성장을 그린 가족 드라마다. 드라마는 '스크린 액터스 길드상' 등 각종 방송상을 수상했고, 마지막 시즌에는 입양아 랜들 피어

슨 역을 맡은 스털링 브라운Sterling K. Brown이 골든글로브 최우수 연기상을 수상했다. 드라마에서 세 형제자매 중 케이트 피어슨 역을 맡아 일약 스타로 발돋움한 크리시 메츠Chrissy Metz는 2018년에 《이것이 나다This is ME》라는 회고록을 냈다. 크리시는 어린 시절 의붓아버지에게 당했던 육체적·정신적 학대를 털어놓는다. 평범한 가정에 태어난 크리시는 어느 날 아버지가 가출하면서 힘든 시기를 맞는다. 어머니가 온갖 허드렛일을 하며 자식을 부양하러 애썼지만 전기료를 제대로 내지 못해 단전 통보를 받을 만큼 가난에 시달린다. 어머니가 작은어머니와 댄스 클럽에 갔다가 만난 트리거와 재혼했을 때 크리시는 자신의 삶이 정상으로 돌아갈 것이란 희망을 품었다. 그러나 의붓아버지 트리거는 크리시를 멸시했다. 외모를 트집 잡고, 욕설을 퍼붓고, 나중에는 신체적 폭력까지 가했다. 이복 자매 레베카까지 크리시를 학대하는 데 가세했다.

어머니는 항상 일하러 나가 있었기 때문에 트리거가 나에게 어떤 언행을 하는지 몰랐다. […] 트리거는 나의 존재 자체에 분개하는 것 같았다. 어떤 것도 마음에 들어 하지 않았다. 내가 눈에 보이는 것 자체를 증오하는 것 같았다. 나의 외모가 불쾌한 것 같았다. 특히 내가 뭘 먹을 때는 경멸하는 눈으로 노려보았다. 그래서 밤에 일어나 몰래 숨어서 먹고는 했다.

트리거가 나를 처음 때렸을 때의 이유는 기억나지 않는다. 접시를 닦으면서 너무 큰소리를 냈거나, 자신이 마실 콜라를 냉장고에 넣어두는 것을 잊었거나, 대충 그런 이유였을 거다. 내 얼굴을 주먹으로 때리지는 않았다. 자신이 불쾌하게 생각하는 내 몸을 때렸다. 밀친 후 뺨을 때리고, 팔을 주먹으로 치고, 손목을 잡아당겼다.

어느 날 트리거가 친딸 모가나에게 버럭 화내는 것을 어머니가 봤다. 어머니가 끼어들어 제지하며 말했다. "당신이 크리시에게 하는 것처럼 모가나에게 하지 마요." 크리시는 이 말을 듣고 충격을 받았다. 어머니는 의붓아버지가 자신을 학대한다는 사실을 알고 있었던 것이다. 크리시는 맥도날드 드라이브 스루 매장에서 일하기 시작했다. 일하면서 여러 사람을 만나고 이야기하는 것이 큰 위로가 되었다. 교회 성가대에도 참여했다. 같은 신앙으로 뭉친 집단에서 서로를 아껴주는 연대감도 큰 힘이 되었다. 그러나 자신이 학대당할 때 모른 척했던 어머니에 대한 야속함과 마음의 상처는 잊을 수 없었다. 〈이것이 우리다〉 촬영이 시작되기 1년 전 크리시는 어머니 집을 방문했다. 당시 NBC가 드라마를 방영할지, 자신이 배역을 맡을지가 확정되지 않은 상황이었다. 크리시는 앞날에 대한 불안감에 싸여 있었다. 그가 불안해하는 모습을 눈치챈 어머니가 걱정되는 일이 있냐고 물었다.

그때 마음속에 무엇인가가 부서지며 열리는 느낌을 받았

다. 어머니에게 묻고 싶었다. 지난 20년 동안 내가 지니고 살아온 '아픔'을 어머니에게 표현하고 싶었다. "왜 그때 나를 위해 나서주지 않았어? 왜 나만 다른 취급을 받았어? 왜 나는 항상 뒷전이었어?"

어머니는 진실을 털어놓았다. 트리거가 자신과 자식들에게 가정을 제공하던 상황에서 용감하게 맞설 수 없었던 점, 트리거에 반발해서 다시 헤어지면 홀로 세상을 헤쳐나갈 자신이 없었던 점 등 당시의 사정을 설명했다. 솔직한 대화, 이해와 용서의 과정을 통해 비로소 크리시의 상처가 회복되기 시작했다.

'아픔'은 지금도 내 몸 구석구석에 남아 있다. 너무 오랫동안 겪은 고통이다. 참된 힐링을 하려면 그 고통이 표면화되고 밖으로 표출되어야 했다. 힐링의 일부분은 어머니와 솔직하게 대화한 덕분이었다.

위의 이야기에서 힐링이란 아픔에 대면하는 태도가 바뀌는 것임을 알 수 있다. 알린 블룸은 광활한 자연에서 자기의 아픔은 얼마나 작은가를 깨달았다. 그 아픔은 충분히 극복할 수 있는 산이란 것을 깨달은 것이다. 스테퍼니 푸는 힐링이 아픔을 조금씩 다스려가는 과정임을 깨달았다. 적극적으로 치유 방법을 찾고 주변 사람과 소통한 것이 아픔을 관리할 수 있는 문제로 만드는 데 도움을 주었다. 크리시 메츠는 아픔의 원인인 어머니와 솔직한 대화를 시도했다. 그 대화가 마음속 응어리를 풀어내고 서로를 이해하고 용서하는 계기가 되었다. 힐링은 아픔의 원인을 직시했을 때 시작된다. 세상에는 아픔에 대한 해법을 제시한 책이 많다. 그러나 결국 힐링은 개인적 경험이기 때문에 모두가 같은 힐링 과정을 거치지는 않는다. 다만 한 가지 공통점은 있다. 과거의 아픔은 지워내는 것이 아니라 그 존재를 내 몸의 일부로 끌어안는 것이다. 그리고 아픔이 나를 지배하는 삶에서 내가 아픔을 관리하는 삶으로 이행하는 것을 의미한다.

걷을 때에도
브레이크가 필요하다

장거리 하이킹은 가다 쉬다의 연속이다. 걷다가 잠깐 쉬며 호흡을 가다듬기도 하고 텐트나 쉼터에서 하룻밤을 자고 가기도 한다. 때로는 근처 마을로 내려가 며칠 지내기도 한다. 그냥 쉬는 것은 영어로 '레스트rest'라고 하지만, 어떤 일을 하다 잠시 쉬는 것 또는 잠시 벗어나는 것은 '브레이크break'라고 한다.

인생길을 하이킹할 때도 '쉬었다 가기take a break'가 필요하다. 우리 뇌와 몸이 감당할 수 있는 스트레스에는 한계가 있다. 스트레스를 받으면 우리 몸에서 스트레스 호르몬이라는 코르티솔cortisol이 생성된다. 코르티솔 분비는 신체가 스트레스 환경에 대항하는 자연스러운 반응이다. 그러나 스트레스 호르몬이 축적되면 심장, 소화기, 호흡기 등에 문제를 유발할 수 있다. 장기간의 스트레스로 신체·정신적 탈진에 이른 것이 '번아웃burnout'이다. 번아웃 상태가 되면 스트레스를 주는 환경에서 일시적이라도 벗어나는 것, 즉 브레이크가 필요하다.

인생에서 장기간 병원에 입원하거나 거동이 불편한 가족을 돌보는 것만큼 진 빠지는 일이 없다. 특히 자신의 인생을 희생하며 특수 장애를 가진 아이를 평생 돌봐야 하는 부모에게 번아웃은 일상의 일부이다. 애슐리 브리스타우Ashley Bristowe의 두 번째 아들 알렉산더Alexander는 '클리프스트라 증후군Kleefstra syndrome'이라는 특수 유전 질환을 갖고 태어났다. 이 질환은 염색체 중 한 쌍에 ehmt-1이라는 유전자가 없어서 발생한다. 2021년 기준으로 이 유전자 결핍증을 가진 사람이 전 세계에 75명뿐일 정도로 희귀한 질환이다. 의사들은 알렉산더가 걷는 것은 물론 말하지도 못할 것이라고 했다. 충격과 혼란 속에 애슐리는 아들의 장애를 치료할 수 있는 방법을 찾아 나섰다. 사진작가로서의 자기 인생을 포기하고 오직 아들을 구하는 목표에 매달렸다. 그 결과 아들은 정상인은 아니지만 말하고, 걷고, 일반 학교에도 다닐 정도로 재활에 성공했다. 그러나 그 과정에서 애슐리는 정신적 탈진을 겪었다. 그는《내 혈육: 특수 장애 아동의 부모가 된다는 것My Own Blood: A Memoir of Special-Needs Parenting》에서 당시 상황을 다음과 같이 썼다.

> 나는 패턴 치료 자원봉사자에게 내가 감당할 수 있는 한계에 도달한 것 같다고 털어놓았다. '브레이크'가 정말 필요하다고. 집, 가정, 치료 프로그램, 근심 걱정, 타이머 관리, 활동 관리, 스트레스 그 모든 것에서 정말 멀어질 필요가 있다

고. 잠시라도 고요함과 홀로 있을 시간이 필요하다고.

스트레스 쌓이는 일이나 공부를 할 때도 브레이크가 필요하다. 뉴욕의과대학 부교수 줄리 홀랜드Julie Holland는 신경정신약리학을 전공한 정신과 의사다. 줄리는 2010년에 《벨뷰에서 보낸 주말: 정신과 응급실 야간 당직의로 지낸 9년Weekends at Bellevue: Nine Years on the Night Shift at the Psych ER》이란 책을 냈다. 그는 9년 동안 의과대학에서 가르치면서 주말에는 뉴욕의 벨뷰병원 정신과 응급실에서 야간 근무를 했다. 책에서 그는 벨뷰에서 경험한 온갖 공포스럽기도 하고 때로는 코믹한 에피소드를 털어놨다. 더불어 의과대학 재학 시절의 경험도 이야기한다. 의과대학 1학년 때 줄리는 공부에 치이는 경험을 했다. 의과대학 공부는 외우고 잊어버리고 또 외우는 세뇌 과정과 비슷했다. 의학 공부에만 몰입하다 보니 간행물이란 뜻의 periodicals가 철자가 비슷한 '심막의pericardial'로 보이고, 길거리에선 행인들의 행동을 병리학 측면에서 바라보는 직업병까지 생겼다.

매일 공부만 하다 보니 [배운] 지식이 귀에서 흘러나오는 듯한 느낌까지 들었다. 1학년을 마치고 2학년을 앞둔 여름에 나는 공부에서 잠시 '벗어나야겠다고' 생각했다. 환자들 곁에 있고 싶었다. 가능하면 정신병 환자들 곁에.

줄리는 한 정신과 병동에서 환각 상태에 빠진 환자를 인터뷰하는 아르바이트 자리를 얻었다. 병동에서 다양한 특성을 지닌 환자들과 접촉하며 책에서는 배우지 못하는 산 경험을 얻었다. 전공 분야를 더 잘 이해하고 의욕적으로 공부할 수 있는 동기를 찾았다.

> 내가 선택한 분야에 대하여 미리 많은 것을 배울 수 있어서 매우 재미있고 즐거웠다. 매일 책을 읽는 것에서 '벗어날 수 있는' 좋은 기회였다.

우리에게 큰 스트레스를 주는 요인 중 하나는 인간관계다. 가족, 동료, 친구, 이성 간에 다양한 충돌이 계속되다 보면 스트레스가 쌓이고 그 환경에서 벗어나 쉬고 싶은 마음이 든다. 로니 스펙터Ronnie Spector는 1960년대 미국 음악계를 풍미한 여성 보컬 그룹 '더 로네츠The Ronettes'의 리드 싱어였다. 더 로네츠는 '비 마이 베이비Be My Baby', '베이비, 아이 러브 유Baby, I Love You', '워킹 인 더 레인Walking in the Rain' 등의 히트곡으로 유명하다. 이 곡들을 제작한 음반 프로듀서 필 스펙터Phil Spector는 '사운드의 벽Wall of Sound'이라는 독특한 프로덕션 스타일로 인기를 끌었다. 로니는 필과 염문을 터뜨렸고 후에 결혼했다. 결혼한 로니는 아기를 낳고 가정에 집중했다. 그런데 상대를 과보호하는 성격이던 필은 로니의 모든 생활을 통제하려 했다. 필이 자신이 운영하던 음반 제작사 문을 닫고 집에서 시간을 보내면서 그 경향이 더욱 심해졌다. 그는 로니를 집에 가둬두고 외부와 단절된 생활을 하게 했다. 로니가 외출하더라도 귀가 시간을 정해줬다. 질식할 것 같은 생활 때문에 우울증에 걸린 로니는 점점 술에 빠져들었다. 이를 알게 된 필은 로니의 일거수일투족을 더 철저히 감시하고 통제했다. 그러던 차에 로니의 숨통이 트이는 일이 생겼다. 비틀즈가 필에게 런던으로 와서 '렛 잇 비Let It Be' 앨범 제작을 도와달라고 부탁한 것이다. 로니는 2022년에 출간한 회고록《비 마이 베이비Be My Baby》에서 당시 상황을 술회한다.

> 필이 다시 일하게 되어 좋았다. 일 때문에 그가 미국을 떠나게 된 상황도 나에게는 나쁘지 않았다. 우리는 잠시 '떨어져 있는' 시간이 필요했다.

필은 런던으로 떠나면서 저택을 팔고, 로니와 입양한 아들 돈테를 위해 뉴욕에 아파트를 얻어주었다. 필이 런던과 뉴욕을 오가며 생활하자 로니는 숨 막힐 것 같은 결혼 생활에서 잠시 벗어나 자신만의 시간을 가질 수 있었다. 걸음마를 배우기 시작한 아들과 함께 근처 센트럴파크 산책을 즐겼다. 회고록에서 로니는 그때가 결혼 생활에서 가장 행복했다고 고백한다. 우울증도 없어지고 자연스럽게 술에서도 멀어졌다. 필의 통제를 받던 가수 활동에서도 솔로 가수로 독립하고 자신만의 창의적 음악을 추구할 수 있었다.

하이킹을 하다 힘들면 쉬어 가듯이 인생길에서도 힘들어지면 휴식이 필요하다. 장기간 가족 병간호를 하다 번아웃되었을 때, 반복되는 공부나 일 때문에 탈진했을 때, 인간관계의 마찰 때문에 스트레스가 쌓일 때는 잠시 그 상황에서 벗어날 필요가 있다. 물론 벗어난다는 것이 말처럼 쉽지 않다. 형편이 못 되는 경우도 많다. 그렇지만 '브레이크'란 멀리 여행을 떠나거나 장시간 하이킹하는 것만을 의미하지는 않는다. 2008년 크리스토퍼 거건Christopher Gergen과 그레그 배뉴렉Gregg Vanourek은 〈하버드비즈니스리뷰〉에 〈번아웃을 이기는 3가지 방법Three Ways to Beat Burnout〉을 기고했다. 첫째 방법은 '자신의 일을 관리하는 것manage your work'이다. 감당하기 힘들 정도의 일을 맡거나, 일을 혼자 하려고만 하거나, 지나친 완벽주의를 고집하지 말아야 한다. 둘째 방법은 '옳은 일 하기do the right work'다. 자기 삶의 방향이나 가치관과 맞는 일, 목적이 분명하고 보람을 주는 일을 하라는 뜻이다. 셋째 방법은 '새로워지는 것을 포용하기embrace renewal'로, '브레이크'에 해당한다. 휴가를 가거나 여행을 떠나는 것도 자신을 새롭게 하는 일이지만, 일상적인 운동이나 산책도 에너지를 재충전하는 데 도움이 된다. 또 스트레스가 쌓일 때 잠시 정신적으로 피신할 수 있는 기도, 명상, 요가, 음악 듣기 등 자신만의 성역을 마련해놓는 것도 좋다. 요즘은 '멍 때리기 대회'가 많은 관심을 끈다고 한다. 머릿속을 채운 잡다한 생각, 걱정을 가만히 앉아서 털어내는 활동이라고 한다. 정 안 되면 길 가다 잠시 멈춰 하늘이라도 올려다보자. 스트레스를 주는 요인stressor으로부터 나의 두뇌를 잠시 분리하는 것, 그것이 '브레이크'다.

높은 길을 선택하라

길에는 여러 종류가 있다. 고속도로, 지방 도로, 고가로, 지하로, 넓은 길, 좁은 길, 갓길, 샛길, 골목길, 지름길, 우회로, 둘레길, 고샅길… 인생 여정도 다양한 길을 거친다. 영어에서는 '높은 길high road'과 '낮은 길 low road'을 구분한다. 켈트족 전설에 따르면 타지 전쟁에 참여했다 죽은 병사는 낮은 길을 통해 고향으로 돌아온다. 낮은 길은 지하의 길, 사자들이 다니는 길이다. 그에 반하여 산 병사는 지상으로 물을 건너고 산을 넘는 높은 길을 따라 고향으로 돌아온다. 기업 경영에서는 동일 분야 종업원에게 상대적으로 고임금을 주는 것을 '높은 길' 전략, 저임금을 주는 것을 '낮은 길' 전략이라고 부른다. 유통 업계에서는 코스트코와 월마트가 대표적으로 대조적인 기업으로 꼽힌다. 저임금을 주면 당장은 비용이 절약된다. 그러나 직원들에게 충분한 보상을 해주면 충성심, 작업 능률과 생산성을 높여 기업에 더 큰 이익이 된다고 한다. 일반적인 상황에서 '높은 길을 택하다take the high road'라고 하면 갈등이나 충돌 국면에서 상대방이 치사하고 야비한 수법을 쓸 때 같은 방식으로 맞대응하는 대신 도덕적이고 윤리적인 방식을 선택하는 것을 뜻한다.

보스턴 비어 컴퍼니Boston Beer Company는 미국에서 가장 오래된 수제 생맥주 회사 중 하나다. 1984년에 짐 코크Jim Koch, 론다 캘먼Rhonda Kallman, 해리 루빈Harry Rubin이 공동 창업했다. 회사 설립 후 보스턴 비어가 내놓은 '새뮤얼 애덤스 보스턴 라거'가 큰 인기를 끌면서 미국에서 생맥주 붐이 다시 일어났다. 보스턴 비어가 인기를 끌자 1980년대 말에 이르러선 수많은 생맥주 제조 회사가 시장에 진입하여 경쟁이 심해졌다. 그중에는 보스턴 비어의 명성을 무너뜨리기 위해 비방과 음해 광고를 펼친 경쟁 업체도 있었다. 대표적인 사례로 브루클린 브루어리Brooklyn Brewery가 보스턴 비어의 라디오 광고를 문제 삼아 뉴욕 소비자보호원에 조사를 요청한 적이 있다. 라디오에서 보스턴 비어 제품이 '동전이 뜰 정도로 거품이 많다'라고 한 것과 '미국 최고의 맥주'라고 한 것이 허위라고 주장했다. 그러나 그 내용은 사실이었다. 그럼에도 불구하고 보스턴 비어의 짐 코크 회장은 맥주 업계의 이미지가 훼손될 것을 고려해서 법적으로 대응하지 않았다. 후에 브루클린 브루어리가 야외 광고에서 자사 맥주가 '미국 최고 맥주'로 선정되었다고 허위 주장을 했을 때 코크는 맞받아치려 했다. 그런데 아내 신시아Cynthia가 "그렇게 한 것이 나중에 자랑스럽겠어요?"라며 말렸다.

코크는 아내 말이 옳다고 생각하고 반격하지 않았다. 2016년에 발간 된 《당신의 갈증을 해소하세요Quench Your Own Thirst》란 회고록에서 코 크는 그 대응을 '높은 길을 가는 것'으로 묘사한다.

> 우리에 대한 모든 음해는 중요하지 않았다. 시간이 지나면 잊힐 테니까. 그저 집중력을 흐뜨리는 일일 뿐이다. '높은 길 을 선택해서' 우리가 믿고 있는 것을 매일 실천한다면 모든 일이 잘 풀릴 것이라고 생각했다. 그래서 그렇게 했고, 정말 모든 일이 잘 풀렸다.

전 미국 대통령 빌 클린턴Bill Clinton은 1971년에 하원 의원 선거에 출 마했다. 예일대학교 법대를 졸업하고 고향으로 돌아와 아칸소대학 교에서 강의하고 있을 때였다. 빌 클린턴으로서는 처음 나선 공직 선 거였는데 아내 힐러리Hillary가 선거 운동에 깊이 개입했다. 힐러리는 선거 운동 매니저와 선거 전략을 놓고 종종 마찰을 빚었다. 힐러리는 도덕적이고 윤리적인 선거 운동을 주장했지만 매니저는 현실과 타 협하는 노선을 주장했다. 빌의 맞상대였던 공화당 소속 현직 의원 폴 해머슈미트Paul Hammerschmidt가 빌의 여성 편력에 관한 음해성 소문을 퍼뜨리며 네거티브 선거전을 펼쳤다. 빌의 선거 매니저는 '불에는 불 로 맞대응해야 한다'며 폴의 성적 편력을 공격하자고 제안했다. 그러 나 힐러리가 네거티브에 강하게 반대하여 무산되었다. 힐러리에 관 한 전기《리더십을 가진 여성A Woman in Charge》에서 지은이 칼 번스타인

Carl Bernstein은 당시 힐러리의 반응을 다음과 같이 묘사한다.

> 이유는 밝히지 않았지만, 그 상황에서 힐러리는 '높은 길을 택할' 것을 강하게 주장했다.

또 한 번은 지역 낙농 기업 단체를 대표하는 변호사가 특정 지역에 돈을 뿌려 표를 매수하는 조건으로 선거 기부금을 내겠다고 했다. 자금이 쪼들리던 선거 매니저는 눈 딱 감고 돈을 받자고 했다. 해당 지역은 원래 돈 선거에 휘둘리는 지역이고 상대 후보도 사용하는 전략이니 문제가 없다는 주장이었다. 그러나 힐러리는 순수한 기부금이 아니라며 거부했다. 역시 도덕적으로 '높은 길'을 택한 것이다. 결과적으로 빌 클린턴은 선거에서 작은 표 차로 패배했다. 힐러리가 '높은 길'을 고집하지 않았다면 결과가 뒤집어졌을 지도 모른다. '높은 길로 가다'는 당장의 현실적 손해를 감수하더라도 도덕적이고 윤리적인 삶의 원칙을 포기하지 않는다는 것이다.

'높은 길'을 선택하는 건 개인 간의 마찰에도 적용된다. 관계를 악화시키고 악감정만 키울 맞대응을 하지 않는 것이다. 상대의 불공정한 비난을 무시하고, 오해가 있으면 먼저 사과해서 긴장 관계를 푸는 것을 의미한다. 미국의 유명 가수이자 영화배우 제시카 심슨Jessica Simpson은 17살 때 컬럼비아 레코드사에 발탁되어 가수가 되었다. 데뷔 앨범 '스위트 키스Sweet Kisses'는 2백만 장이 팔렸다. 그 외에 '아이 워너 러브 유 포에버I Wanna Love You Forever'란 싱글이 크게 히트했다. 제시카의 남편이었던 닉 러셰이Nick Lachey도 여러 개의 플래티넘 앨범을 낸 '98 디그리스98 Degrees'의 리더 싱어로 잘 알려진 가수이자 영화배우다. 두 사람은 리얼리티 텔레비전 프로그램 〈신혼부부Newlyweds〉에 출연하여 큰 인기를 끌었다. 2006년 두 사람이 이혼한 후 닉은 잡지 〈롤링스톤〉 및 MTV와의 인터뷰에서 제시카와의 결혼 생활에 대해 이야기했다. 이혼의 책임을 제시카에게 돌리고 자신을 피해자로 묘사했다. 인터뷰 기사와 방송이 나간 후 기자들이 제시카를 쫓아다니며 코멘트를 부탁했다. 제시카는 2020년에 발간한 《오픈 북Open Book》에서 당시 상황을 이렇게 묘사한다.

> 기자들이 뉴멕시코까지 쫓아와서 닉에 대하여 한마디 해달라고 했다. 나는 그때마다 반복해서 나 자신에게 말했다. '높은 길로 가자.'

제시카는 속이 상했지만 맞대응을 자제했다. 미디어를 통해 공개적 언쟁이 일어나는 상황을 피했다. 대신 자신의 인격적 성장에 초점을 맞추고 자기 인생을 사는 데 집중했다.

'높은 길'은 부정적 관계를 악화시킬 수 있는 치졸하고 졸렬한 맞대응을 피하고 상대에게 관대한 것을 의미한다. 물론 인생을 살면서 도덕적, 윤리적으로 옳은 길만을 고집하기는 어렵다. 빌 클린턴의 이야기에서처럼 '높은 길'로 가는 것은 밑지는 선택일 수도 있다. 게다가 우리는 불공정한 비난과 공격을 당할 때 맞대응하지 않으면 상대가 나를 더욱 우습게 볼 것이라고 생각한다. 사람들이 나를 겁쟁이로 알고 더 이용하려 할 거라고 걱정한다. 비디오 컨퍼런싱, 원격 교육 등의 사업을 하는 회사 인터랙티브 솔루션스Interactive Solutions를 창업해서 성공한 제이 마이어스Jay Myers는 《3루를 돌아 홈으로 향하기Round the Third and Heading for Home》란 회고록에서 그런 관점은 단견이라고 말한다. 장기적 관점인 '롱 게임'에서 이기는 길이 아니란 뜻이다.

> 지난 수년 동안 매우 부당하게 처신하는 고객을 많이 상대했다. 그때 기업주 입장에서 보면 분명히 선을 긋고 우리 직원과 명성을 보호하는 것이 옳다. 해당 고객과 관계를 끊고 더 이상 상대하지 않는 것이 당연하다. 그러나 우리는 분노와 좌절에 백기를 드는 쉬운 해결책 대신 숨을 깊게 한번 들이켠 후 '높은 길로 가기로 했다.' 롱 게임을 하기로 했다. 과거보다는 미래에 초점을 맞추는 것이 훨씬 중요하다고 판단했다.

악의적 소문을 퍼뜨리는 고객, 무리한 요구를 하는 고객, 직원을 함부로 대하는 고객이라도 친절과 존경으로 대하고 최대한 불만을 풀어주려 노력하는 것, 그것이 '높은 길'이다. 그런 경영 철학으로 회사를 운영한 결과 마이어스는 큰 성공을 거두었다. 악의를 지니고 공격하는 사람에게 같은 방식으로 맞대응하면 더 큰 악의만 남는다. 반대로 웃으면서 친절하게 대하면 악의는 선의로 바뀌고, 나를 공격하던 사람은 나를 광고해주는 우군이 된다. 그들의 입소문이 퍼져서 더 많은 고객이 생기고 결국 모두 윈-윈하는 결과를 가져온다. 그것이 미래를 멀리 내다보는 경영 철학, 바로 '롱 게임' 전략이다. 마이어스는 다음과 같이 말한다.

> 가만히 생각해보라. 인생은 악감정을 품고 살기에는 너무 짧다. 이런 관점은 직원, 고객, 협력 업체 등에만 적용되는 것이 아니라 가족과 친구에도 적용된다. 무척 합리적인 이 관점은 사업뿐만 아니라 개인적으로도 나에게 많은 이득을 가져다주었다.

직장 동료, 가정, 친구, 이웃끼리 갈등할 때, 상대의 모함이나 비방, 부당한 공격에 화가 치밀며 맞받아치고 싶어질 때 잠시 멈춰서 숨을 크게 들이켠 후 자신에게 말하자. "그래, 높은 길로 가자."

의지할 수 있는
인생 지팡이가 필요하다

릭 크랜들Rick Crandall은 기술주 주식에 투자했다가 2000년에 닷컴 경제가 붕괴하면서 종잣돈까지 날리고 말았다. 거의 모든 재산을 잃고 실의에 빠져 있을 때 아내의 제안에 따라 요크셔테리어 강아지 한 마리를 입양했다. 강아지 이름은 '에미Emme'라고 지었다. 릭은 에미를 데리고 콜로라도주의 산을 하이킹했다. 에미가 산을 잘 타는 것을 본 릭은 해발 4천 미터 이상인 콜로라도의 14개 산 정상에 본격적으로 함께 오르기 시작했다. 한 번은 릭이 에미를 데리고 산을 오르다 다리를 다쳤다. 폭풍이 예고되어 있었기 때문에 빨리 산을 내려가야 했다. 내리막길은 가팔랐다.

사두근의 지끈거리는 통증이 심해지기만 했다. 허리도 아파지기 시작했다. 필요 이상으로 '하이킹 스틱에 기대며 leaning on my hiking sticks' 걷고 있었다.

30초 걷고 30초 쉬어야 했다. 몸의 균형을 잡기 어려워 나무를 껴 안다시피 하며 나무에서 나무로 이동했다. 에미는 앞서 간 하이커들의 냄새를 맡으며 코스를 안내했다. 그렇게 2시간 동안 걸어서 약 3킬로미터 아래의 주차장에 도착했다. 이처럼 재산을 날려버린 릭은 에미와 함께 산을 오르며 투자 실패를 딛고 다시 삶에 도전할 용기를 얻었다. 《나를 산 위로 데려간 개The Dog Who Took Me Up a Mountain》에 나오는 이야기이다.

릭의 이야기에서처럼 등산이나 하이킹을 하다가 다리를 다치면 나무든 등산 스틱이든 몸을 기댈 것이 필요하다. 특히 등산 스틱은 여러모로 도움이 된다. 무릎 관절에 가해지는 하중과 다리의 피로감을 줄여준다. 한쪽 다리가 불편할 때도 의지해 걸을 수 있다. 인생길에서도 혼자 걷기 힘들어 '기댈lean on' 것이 필요할 때가 있다. 의지해 걸을 수 있는 인생 지팡이가 필요한 때다. 회고록을 살펴보면 많은 사람이 크게 3가지 상황에서 의지할 곳을 찾는다. 첫째는 소외감이나 외로움을 느낄 때다. 둘째는 상황이 불확실하고 혼란스러울 때다. 셋째는 위기를 겪거나 상실의 아픔 속에 있을 때다.

투자의 귀재 워런 버핏Warren Buffett은 대학에 다닐 때에도, 졸업하고 고향으로 돌아온 후에도 검소하게 생활하며 투자에 대한 관심을 키웠다. 저평가된 주식을 사들이고 주유소에도 투자했다. 그는 투자에 성공만 한 것이 아니라 손실을 볼 때도 많았다. 그 과정에서 주식 브로커로 일하는 것보다 다른 사람의 재산을 관리하는 일에 더 큰 관심을 갖게 되었다. 워런은 돈을 굴리는 데 뛰어났지만 성격이 소심했다. 어린 시절 그는 어머니로부터 심한 비난과 욕을 먹으며 자라서 어머니를 무서워했다. 그가 성인이 되어 집에 돌아온 후에도 어머니의 냉혹한 태도는 바뀌지 않았다. 2009년 앨리스 슈로더Alice Schroeder가 집필한 워런 버핏의 공식 전기《스노볼The Snowball》에 따르면 워런은 당시 약혼녀였던 수지에게 의지하여 어머니로 인한 애정 결핍을 보상받았다. 수지는 워런이 자신에게 의지하는 것을 알고 원인을 분석했다. 그 결과 오랫동안 어머니의 심한 비난과 역정의 표적이 되어 자존심이 크게 손상되었음을 알게 되었다. 그래서 워런을 더 많이 사랑해 주고 비난은 절대 하지 않기로 마음먹었다. 또한 워런이 사교적으로도 자신감을 갖도록 적극 내조했다. 앨리스는 수지를 대하는 워런의 태도가 "엄마를 올려다보는 아기"와 같았다고 적었다. 워런에게는 애정 결핍으로 외로움을 느낄 때 약혼녀가 기댈 수 있는 인생 지팡이가 되어준 셈이다.

작가이자 여성 위기 극복 상담가 브리짓 루이스Bridgette Y. Lewis는 2019년에《인생 함정에서 목적으로From Pitfalls to Purpose》를 출간했다. 브리짓은 인생에서 마주한 도전과 그 도전을 극복한 여정을 털어놓는다. 책에서 다룬 여러 소주제 중 하나는 '불안insecurities'이다. 브리짓이 대니Danny와 결혼을 앞두고 있을 때였다. 결혼식 날짜와 식장까지 정한 상태였다. 그런데 결혼식을 6주 앞두고 대니의 여동생이 브리짓에게 충격적인 사실을 털어놓는다. 대니에게 심각한 약물 중독 문제가 있다는 것이었다. 브리짓이 대니에게 물어보자 그는 화를 내며 약물 중독을 부인했다. 결혼을 2주 앞두고는 낯선 사람에게서 전화가 왔다. 알고 보니 17살 때 자신에게 데이트 성폭행을 가한 남자였다. 그 남자는 친구를 통해 결혼 이야기를 들었다면서 축하한다고 말했다. 그 전화는 브리짓이 잊고 지냈던 악몽을 일깨웠다. 결혼을 앞두고 벌어진 사건들로 브리짓은 큰 정신적 혼란에 빠졌다. 결혼을 해야 하나 말아야 하나? 대니에게 결혼식을 취소하자는 문자를 보내기도 했다. 대니는 절대로 상처 주는 일은 하지 않을 것이라며 사랑을 고백하는 답장을 보냈고, 어머니도 대니를 믿으라고 조언했다. 브리짓은 결국 대니와 결혼했지만 5개월 만에 파국을 맞이했다. 알고 보니 대니의 마약 중독은 사실이었고, 심지어 상점에서 물건을 훔치다 체포되기까지 했다. 과거를 숨긴 대니를 더 이상 신뢰할 수 없어서 브리짓은 이혼을 택했다.

감당하기 너무도 힘든 혼란이었다. 그렇지만 중심을 잃지 않고 힘든 시기를 극복하기 위해 신앙에 '의지했다.'

브리짓에게 결혼과 신혼 시절은 불확실과 혼란의 시기였다. 그런 역경 속에서 인생 지팡이가 되어 준 것은 신앙이었다.

격렬한 전투에 참여한 군인들은 외상 후 스트레스 장애PTSD에 자주 시달린다. 동료 병사들이 총격과 포탄에 쓰러지는 모습을 본 기억과 악몽, 생존자로서의 죄책감, 우울증, 병적 경계심, 목적 의식 상실, 자살 충동 같은 증상을 겪는다. 2021년 여행가이자 저술가 신디 로스Cindy Ross는 퇴역 군인들이 하이킹이나 등산을 통해 PTSD를 극복한 이야기를 모은 책 《마음의 평온을 향해 걷기Walking Toward Peace》를 냈다. 책에 등장하는 인물 중 한 사람인 미국 공수 레인저 특수부대 요원 자카리Zarchary는 아프가니스탄 전쟁에 참전했다 머리에 총상을 입고 사망했다. 그의 죽음은 아버지 스티브 애덤스에게 청천벽력이었다. 사랑하는 아들을 잃은 슬픔은 쉽게 가시지 않았다. 자카리는 생전에 하이킹과 등산을 좋아했다. 같은 부대 전우였던 에릭이 전사했을 때 평소 애팔래치아 트레일을 걷고 싶다고 말하던 에릭의 말을 받들어 대신 그곳을 완주하기도 했다. 아버지 스티브는 산을 사랑했던 아들 자카리를 잃은 슬픔을 극복하기 위하여 버지니아주에 있는 해발 9백 미터의 매커피 노브McAfee Knob에 오르기로 했다. 6킬로미터 정도 거리의 등반이지만 과체중에다 관절염을 앓고 있던 스티브에게는 신체적으로 큰 도전이었다. 그는 산을 오르기 위해 아들의 등반 스틱을 가져갔다.

스티브 애덤스는 걸음을 뗄 때마다 아들의 등산 스틱에 몸을 '의지했다.' 또한 아들에 대한 추억에 의지했다. 정상까지 도달하려면 아들의 도움이 필요했기 때문이다.

스티브는 혼자서는 힘든 길을 아들의 지팡이와 사랑과 추억에 의지하여 한 발짝씩 올라 정상에 도달했다. 정신적으로 아들과 한 몸이 된 등산길이었고, 아들은 매 걸음마다 스티브에게 의지가 되어주었다. 이 등반을 통해 스티브는 아들의 죽음을 받아들이고 마음의 평온을 되찾을 수 있었다.

앞의 이야기에서 보듯이 우리는 외로움, 슬픔, 혼란, 위기에 빠졌을 때 기댈 데를 찾는다. 주위 사람에게 기대기도 하고, 종교에 기대기도 하고, 사랑했던 사람에 대한 추억에 기대기도 한다. 어떤 상황이든 기댈 곳이 있다는 것은 크게 감사할 일이다. 가난과 사회적 무관심 속에서 스스로 생을 마감하는 사람들의 이야기를 뉴스에서 많이 접한다. 많은 사람이 더 이상 기댈 곳이 없다고 판단했을 때 삶에 대한 의지와 희망을 포기한다. 주변 지인, 이웃, 지역사회가 조금만 관심을 갖고 살펴보았다면 기댈 만한 지팡이가 되어줄 수 있었을 것이다. 영어에서는 다른 사람이 의지하고 기대는 대상을 '바위rock'에 비유한다. 바위는 강함, 흔들리지 않음, 침착함의 상징이다. 내가 남에게 기대는 것도 필요하지만, 동시에 우리 모두가 다른 사람이 기댈 수 있는 바위가 될 수 있을 만큼 강하면 좋겠다. 그래서 외로움, 슬픔, 혼란, 위기에 빠져 기댈 곳을 찾는 주위 사람에게 이렇게 말할 수 있으면 좋겠다. "내게 기대세요."

신중한 걸음이
필요할 때를 알라

이 등산로는 관리가 안 되어 있으므로 '조심해서 걸으십시오.'

하이킹할 때는 넓고 평평하게 잘 닦인 길만 걸어갈 수 없다. 가다 보면 돌이 많고 표면이 울퉁불퉁한 좁은 길을 지날 때도 있다. 그럴 때는 발걸음이 신중해진다. 발을 내디딜 때 진흙이나 잔돌이 있어 미끄러져 넘어지지 않을지 조심한다. 인생길에서도 마찬가지로 특별히 조심해서 걸어야 할 때가 있다. 대화에서 민감한 주제를 꺼낼 때, 법적으로 문제가 될 수 있는 일을 다룰 때, 위험 요소가 많은 투자를 결정할 때, 정치나 경제, 인종 문제 등 이해관계가 상충하는 문제를 다룰 때는 언행이나 결정에 신중해야 한다. 그렇게 신중하게 행동하는 것을 영어에서는 '조심해서 걷다tread carefully'라고 한다.

대화에서 가장 민감하게 다뤄야 할 주제 중 하나는 돈 문제다. 인도에서 태어난 사루 브리얼리Saroo Brierley는 글도 못 읽던 5살 때 큰형을 따라 외출한 후 기차역에서 형을 기다리다 엉겁결에 기차에 올라타 잠들고 말았다. 깨어보니 집에서 멀리 떨어진 콜카타에 도착해 있었다. 6주 동안 혼자 돌아다니던 그는 보호소에 맡겨지고 오스트레일리아로 입양된다. 양부모는 재산이 많았기 때문에 사루는 경제적으로 여유 있고 행복한 성장기를 보낸다. 그러나 의식 저편에는 어릴 적 가족에 대한 희미한 기억이 남아 있었다. 결국 사루는 25년이 지난 후 인도의 친가족을 찾아 나선다. 구글 어스Google Earth를 사용하여 인도 구석구석의 사진을 뒤지다 기억의 실마리와 닿는 장소를 발견한다. 그렇게 단서를 추적하기 시작하여 마침내 친모와 형제를 찾았다. 다행히 친모도 사루가 돌아올 것에 대비하여 평생 이사를 가지 않았다. 2015년 사루는 불가능에 가까운 확률을 뚫고 인도에서 오스트레일리아를 거쳐 다시 인도로 돌아오는 긴 여정을《집으로 가는 먼 길A Long Way Home》이란 회고록에 담아 출간했다. 그는 친가족을 찾은 후 가족과의 관계를 다시 설정해가는 과정에서 미묘한 문제에 부딪혔다. 그는 부유한 양부모 덕분에 재산이 많았기 때문에, 형편이 어려운 친가족을 도와주고 싶어 했다. 친어머니에게 새 집을 지어주고 다른 형태의 물질적 도움도 주고 싶었다. 그렇지만 괜히 돈 이야기를 꺼냈다가 힘들게 되찾은 친가족과의 관계가 훼손되지 않을까? 조심스러운 걸음이 필요한 문제였다.

돈은 가족 내에서 미묘한 문제다. 그렇지만 내가 누렸던 행운을 공유하고 싶었다. 인도 가족의 기준에서 볼 때 나는 부유한 사람이고 그들이 상상할 수 없는 연봉을 받고 있었다. 그렇지만 나는 '조심해서 걸어야' 하는 상황임을 알고 있었다. 돈 문제로 우리의 새로운 관계가 복잡해지거나 훼손되는 것을 원하지 않았다.

사루는 친가족과 논의하여 친어머니가 가정부로 계속 일하고 자신이 수입을 보태주는 방안을 마련했다. 또 친어머니가 지인들이 있는 고향 마을에 계속 살고 싶어 해서 현재 거주하는 집을 수리해주기로 했다. 친가족의 입장을 고려하여 기분이 상하지 않는 방법을 도출한 것이다.

직장이나 직업과 관련한 결정이나 선택도 조심스러운 발걸음이 필요할 때가 많다. 팻 베네타Pat Benatar는 그래미상을 4회 수상한 미국의 록 가수다. 팻은 《마음과 록 플레이스 사이에서Between a Heart and Rock Place》라는 회고록에서 1980년대 금녀의 영역이었던 하드록 분야에서 여성 로커로 활동하며 겪은 이야기를 전해준다. 그는 같이 활동하던 밴드와 함께 크리설리스 레코드와 전속 계약을 맺고 활동한 적이 있다. 크리설리스의 관리를 받는 동안 앨범을 내고 공연도 하며 많은 성과를 냈지만 소속사의 내분과 사장 교체, 부실한 마케팅 지원 등으로 갈등도 겪었다. 당시 팻이 활동했던 캘리포니아에는 7년 이상의 전속 계약을 금지하는 법이 있었다. 이 법 조항에 근거하여 팻은 7년 차에

법적 책임 없이 크리설리스와 계약을 해지하고 독자적으로 활동할 수 있었다. 자유를 얻었지만 동시에 모든 것을 직접 관리해야 하는 책임이 따랐다. 앞으로 어떻게 할지 결정하는 데 신중할 수밖에 없었다. 특히 얼마 전 발표한 앨범의 순회공연이 실패한 후라서 더욱 그랬다.

> '와이드 어웨이크 인 드림랜드' 투어의 실패가 아직 기억에 생생했기 때문에 우리는 어느 방향으로 나아갈지 신중하게 결정해야 했다. '조심해서 걸을' 때라고 판단했다. 당장 무언가를 녹음해야 한다고 서둘지 않았다.

팻은 잠시 휴식을 취하며 그동안 등한시했던 아이들과 시간을 보내기로 결정했다. 중요한 결정을 앞두고 있을 때 그 상황에서 잠시 벗어났다 돌아와보면 전에 보지 못한 가능성이나 위험을 깨달을 때가 있다.

인간관계도 조심해서 걷지 않으면 폭발할 수 있는 지뢰밭이다. 조지프 파이퍼Joseph Pfeifer는 9·11 테러 당시 가장 먼저 현장에 출동한 뉴욕 소방서장이다. 그는 맨해튼 시내에서 이상한 가스 냄새가 난다는 신고를 받고 대원들과 함께 현장 조사를 나갔다. 잠시 후 여객기가 세계무역센터 건물에 충돌했다. 우연히 근처에 있었던 조지프는 가장 먼저 달려가 구호 작업을 벌였다. 그의 남동생도 소방대원이었는데, 노스 타워에서 구호 작업을 하다 건물이 무너지면서 영원히 돌아오지 못했다. 2021년 조지프가 출간한《평범한 영웅들Ordinary Heroes》에는 항공기 테러 당시의 대혼란, 필사적인 구호 작업, 그리고 동료와 수많은 시민의 희생에 대한 비통한 심정 등이 생생하게 묘사되어 있다. 조지프는 9·11 테러 당시 희생자가 많이 발생한 이유로 현장에 출동한 뉴욕 경찰과 소방대원들이 상황 정보를 제대로 공유하지 못했던 것을 지적한다. 건물 밖에 있었던 경찰이 건물이 붕괴되기 직전이란 정보를 적기에 전했다면 노스 타워에서 사람들을 구조하던 소방대원들이 신속하게 탈출할 수 있었기 때문이다. 9·11 테러를 계기로 조지프는 미래의 비상사태에 대비하여 뉴욕 경찰을 비롯한 유관 기관과 공조 시스템을 갖추려 노력했다. 한번은 존 F. 케네디 공항에서 뉴욕 경찰 항공대장, 연방항공청FAA 관계자와 함께 화재 진압 대응책을 논의한 적이 있다. 9·11에서 얻은 교훈을 생각한 조지프는 대형 화재 진압 시 뉴욕 경찰 항공대 헬기에 소방서장이 탑승하여 공중에서 직접 수집한 정보를 제공받는 아이디어를 제안했다. 뉴욕 경찰 항공대장은 규정을 들어 경찰 헬기에 소방대원을 태우는 것에 반대했다. 자칫하면 기관 간 알력 싸움으로 번질 수 있는 상황이었다.

누구의 감정도 상하지 않도록 하기 위해 '조심해서 걸어야 했다.'

결국 조지프는 비상시에는 어떤 헬기든 소방서의 도구로 사용할 수 있다는 FAA 규정을 인용하며 설득한 끝에 동의를 얻어냈다.

사업에도 조심해서 걸어야 할 때가 많다. 버진 그룹의 전 CEO 리처드 브랜슨은 2010년에 출간한 《비즈니스를 발가벗기다Business Stripped Bare》에서 버진 그룹이 항공 산업에 진출하려던 시기에 관해 이야기한다. 당시는 9·11 테러 직후여서 유가 폭등, 달러 가치 폭락, 항공 수요 위축 등으로 기존 항공사들이 어려움을 겪었다. 버진 그룹은 항공 산업에 뛰어들 적기라고 판단했지만 기존 항공사들의 조직적 반대에 부딪혔다. 반발을 무마하며 항공 시장에 진출하기 위해 버진 그룹은 '조심스러운 발걸음'을 취해야 했다. 정부 규제와 규정을 준수하고, 필요한 양보를 하고, 규제 당국과 기존 항공사들이 제기하는 우려를 해소하려 노력했다. 항공사를 경영하는 기업의 임원진에 외국인이 포함되면 안 된다는 규정을 충족하기 위해 대표이사까지 교체했다. 기존 항공사의 반발을 누그러뜨리기 위해 미국 내 도시들을 연결하는 수요가 적은 노선부터 시작해서 점차 노선을 늘리는 전략을 택했다. 4년 동안 노력을 기울인 끝에 미국 교통국으로부터 운항 허가를 받아 버진 아메리카 항공이 출범했다. 리처드는 다음과 같이 조언한다.

> 당신이 시장에 도입하려는 '좋은' 변화는 기존 이해당사자들에게는 위협으로 보일 수 있고, 대부분의 경우 실제로 위협이 되기도 한다. 당신이 보기에는 이런 이해관계가 사소할지라도 당사자들에게는 죽고 사는 문제다. 따라서 모든 기업인은 언제 조심스럽게 걸을지, 언제 단호한 태도를 취할지를 아는 지혜를 터득해야 한다.

우리 대부분은 조심해서 걸어야 할 상황에서 앞뒤 재지 않고 마구 내달려 일을 망친 경험이 있을 것이다. 민감한 문제에 대하여 분별력 없는 말을 해서 인간관계를 망치고, 복잡한 이해관계를 제대로 파악하지 못해 사업을 망친다. 인생길에서 이런 돌부리에 걸려 넘어지지 않기 위해서는 '언제 어떤 상황에서 조심스럽게 걸어야 하는지'를 판단할 수 있는 지혜가 필요하다. 그 지혜는 어떻게 얻을 수 있을까? 제니퍼 매드슨Jenifer Madson이 쓴 《머리에서 심장으로Head to Heart》에 답이 나와 있다.

말하기 전에 생각하고, 행동하기 전에 잠시 멈춰 서고, 타인을 재단하기 전에 사실을 확인하도록 자신을 훈련시켜라. 그러면 어떤 부정적 상황에서도 가장 적절하게 대응할 수 있는 방법을 찾을 것이다.

자신 있게
'큰 걸음'으로 걸어라

걷는 것은 하나의 동작이지만 걸음의 형태는 걷는 속도, 리듬, 보폭에 따라 다양하다. 터벅터벅 걷기, 종종걸음으로 걷기, 성큼성큼 걷기, 꺼 덕꺼덕 걷기, 어슬렁거리며 걷기, 살금살금 걷기 등. 다양한 형태의 걷 기에는 걷는 사람의 태도나 심리 상태가 반영된다. 지치거나 목적지 에 큰 관심이 없을 때는 터벅터벅 걷고, 바쁜 일이 있으면 종종걸음으 로 걷는다. 자신감에 차 있거나 목적지가 분명하면 성큼성큼 걷고, 남 보란 듯 으스대고 싶을 때는 꺼덕꺼덕 걷는다. 남에게 들키지 않으려 면 살금살금 걷고, 특별히 갈 곳 없이 한가하게 걸을 때는 어슬렁거리 며 걷는다. 여러 형태의 걷기 중 긍정적 의미가 있는 것은 '성큼성큼' 걷기다. 영어로는 '스트라이드stride'라고 하며, 긴 보폭과 규칙적인 리 듬으로 자신감 있게 걷는 것을 의미한다. 이런 배경에서 '어떤 것을 큰 걸음으로 받아들이다take ~ in stride'라는 영어 표현은 '실망스러운 결과나 안 좋은 소식을 침착하고 의연하게 받아들이다'라는 뜻으로 쓰인다.

아미어 톰슨Ahmir Thompson은 '퀘스트러브Questlove'란 별명으로 잘 알려진 프로듀서이며 작곡가이자 드럼 연주자로, 그래미상을 수상한 힙합 밴드 '더 루츠The Roots'의 원년 멤버이다. 퀘스트러브는 《모 메타 블루스Mo' Meta Blues》라는 회고록에서 그래미상 후보에 올랐다가 수상하지 못한 경험을 이야기한다. 2005년 그는 자신이 이끄는 더 루츠와 가수 디안젤로D'Angelo가 컬래버레이션한 '더 티핑 포인트The Tipping Point'란 앨범으로 그래미상 최고 랩 앨범 부문 후보에 올랐다. 수상을 자신했으나 결국 탈락한 퀘스트러브는 결과에 크게 실망했다. 자신감이 흔들렸고 자신이 실패자처럼 생각되었다. 하지만 밴드 매니저 리치Rich의 반응은 달랐다.

> 리치는 그해의 [실망스러운] 결과를 '큰 걸음으로 받아들였다.' 우리는 실전 경험이 많은 베테랑이란 것이 리치의 태도였다. 우리는 많은 앨범을 녹음했고, 그중에는 잘된 것도 있고 잘 안 된 것도 있으니 앞으로 더 많이 만들면 된다는 것이었다.

그래미상에서 탈락한 더 루츠는 동기나 앞날의 방향 없이 실의에 빠졌다. 그러자 매니저 리치는 마치 군대 훈련 조교처럼 끊임없이 동기를 불어넣고 정신 훈련을 시켰다. 쇼 출연을 위해 뉴올리언스를 방문한 멤버들은 저녁 시간을 이용하여 그 지역의 작은 클럽에 갔다. 거기서는 고등학교 친구들끼리 만든 한 브라스밴드가 공연하고 있었다. 마약이나 범죄에 빠지지 않기 위하여 음악을 선택하고 미래의 큰 성공을 꿈꾸며 노력하는 애송이 밴드였다. 리치는 그 밴드를 가리키며 "저것이 바로 필라델피아에서 생활할 때의 너희 모습이잖냐. 저것이 너희의 과거 모습이야. 다시 그 모습을 되찾아야 해"라며 처음 시작할 때의 정신으로 돌아가라고 조언했다. 리치의 이 같은 긍정적인 태도는 더 루츠가 좌절을 딛고 일어서는 데 큰 힘이 되었다.

데이브 홈스Dave Holmes는 MTV의 VJ로 유명세를 날린 인물이다. 광고 회사에 다녔지만 일이 적성에 맞지 않아 고전하던 1998년에 우연히 출전한 MTV VJ 선발 대회에서 2등을 차지하며 연예계에 발을 들여놓았다. MTV에 있는 동안 〈120분〉, 〈리얼 월드〉 등 많은 쇼의 진행자로 활약했고, 특히 미국 팝 음악에 대한 해박한 지식으로 큰 인기를 끌었다. 그러다 2002년에 계약이 종료되어 MTV를 떠났다. MTV를 떠나기 전에 데이브는 신인 VJ들이 부상하면서 정신적 압박을 받았다. 방송에 출연하는 시간도 점점 줄어들었다. MTV를 떠나기 전해인 2001년 데이브는 로스앤젤레스에서 MTV 쇼를 촬영하다 집이 있는 뉴욕을 잠시 방문했다. 친한 이웃과 뉴욕 시내를 걷는데 스타일이 멋진 5명의 젊은 남자가 옆을 지나갔다. 이웃 사람이 토끼 눈을 하고 흥분한 목소리로 말했다. "저 애들 봤지요?" 데이브가 멍한 표정을 짓자 이웃은 말했다. "쟤들이 더 스트록스The Stokes라고요." 나중에 안 사실이지만 더 스트록스는 당시 한창 뜨고 있던 신인 밴드였다. 데이브는 자신이 그런 정보를 모르고 있었다는 사실에 충격을 받았다. 한때 미국 팝 음악계에 대한 온갖 잡다한 지식을 꿰차고 있었던 데이브는 자신이 어느새 '올드 세대'가 되었다고 느꼈다. 더 스트록스뿐이 아니었다. 조사해보니 자신이 모르고 있던 더 바인스, 더 킬러스 등 많은 신진 록그룹이 활동하고 있었다. 새로운 록 세대가 부상하는 것을 까맣게 모르고 있었던 것이다. 한때 그는 자신이 미국팝 음악계를 선도한다고 자부했다. 그러다 '팝 음악계가 나와 내 또래 동료들 없이도 콘텐츠를 만들고 성공할 수 있다'는 점을 깨달았다. 나이가 들면 최신 유행에서 뒤처지기 마련이다. 데이브는 2016년 출간한 《혼자인 일행Party of One》에서 당시 상황을 이렇게 설명한다.

> 대부분의 사람들은 그런 사실을 깨달았을 때 '큰 걸음으로 받아들인다.' 나는 그렇지 못했다. 내 정체성의 핵심은 팝 문화를 꿰뚫는 것이었다. 나는 항상 다른 사람들보다 한발 앞서 있다고 자부해왔다. 팝 문화 세계에서 벌어지고 있는 일을 모른다면 나는 뭐가 되나?

MTV를 떠난 후에도 데이브는 자신이 팝 음악계의 최신 유행에서 단절되어 있다는 사실을 받아들이기 힘들었다. 그러다 중년 밴드인 더 홀드 스테디The Hold Steady의 음악을 발견했다. 새로이 부상하는 신세대 밴드의 노래보다 그들의 노래가 훨씬 마음에 와 닿았다. 그러면서 자기 나이와 정서에 맞지 않는 음악에 연연할 필요가 없다는 것을 깨달았다. 음악은 세대에 따라 변하고, 그 변화에 적응해 사는 것이 자연스러운 것이라고 생각하게 되었다.

미국 제럴드 포드Gerald Ford 대통령 정부에서 국방 장관을 역임한 도널드 럼즈펠드Donald Rumsfeld는 2011년에 《알려진 것과 알려지지 않은 것Known and Unknown》이란 회고록을 냈다. 책에서 럼즈펠드는 자신이 북대서양조약기구NATO의 미국 대표로 활동하다 포드 대통령하의 백악관 수석 보좌관으로 자리를 옮겼던 때를 회고한다. 그는 닉슨 대통령 정부에서 이미 장관급인 경제기획청 청장과 대통령 고문으로 백악관에서 일한 경험이 있었다. 나토 미국 대표 역할에 만족하고 있었던 그는 키프로스 사태 때문에 분주한 나날을 보내고 있었다. 그런데 포드 대통령이 백악관으로 그를 부르고는 백악관 수석 보좌관을 맡아달라고 요청했다. 포드 대통령은 백악관 참모들을 관리하는 데 어려움을 겪고 있었고, 럼즈펠드의 지도력이 필요하다고 설득했다. 럼즈펠드는 망설였다. 그러자 포드 대통령은 6개월만 맡아달라, 그 후에는 장관 자리가 나면 옮겨 갈 수 있다며 강하게 설득했다. 결국 럼즈펠드는 포드의 요청을 받아들였다. 그러면서 아내 조이스가 자신의 결정에 불만을 터뜨릴까 걱정했다. 아내는 나토 본부가 있는 브뤼셀의 생활에 크게 만족하고 있었기 때문이다. 그런데 아내 조이스는 럼즈펠드가 백악관으로 돌아간다는 소식을 전했을 때 불만을 표하지 않았다.

조이스는 벨기에 친구들을 두고 떠나는 것이 섭섭하기는 했겠지만, 항상 그러듯이 그 소식을 '큰 걸음으로 받아들였다.'

조이스는 대통령이 자리 잡도록 몇 달 도와주고 나면 고향 일리노이로 갈 수 있지 않겠느냐며 남편의 결정을 지지했다.

앞의 이야기처럼 실패, 반갑지 않은 소식, 큰 변화 등에 직면해서 흔들림 없이 의연하게 받아들이는 사람이 있는 반면 그렇지 못한 사람도 있다. 인생에서 일어나는 상황은 우리가 원치 않는다고 해서 거부할 수 없다. 원하든 원치 않든 다양한 일이 발생하고, 불행히도 우리는 그 일에 대한 통제권이 없다. 그러나 상황에 대처하는 태도는 통제할 수 있다. 전적으로 우리 마음먹기에 달린 문제다. 그 태도와 마음가짐을 영어로는 '마인드셋mindset'이라고 한다. 마음은 어떻게 '세팅'하느냐에 따라 강력한 힘의 원천이 되기도 하고 자포자기로 가는 통로가 되기도 한다. 부처는 "모든 일은 마음이 근본이다"라고 했다. 미국 작가 지그 지글러Zig Ziglar는 "당신의 적성aptitude이 아니라 당신의 태도attitude가 당신의 고도altitude를 결정한다"라고 했다. 고대 그리스 철학자 에픽테토스Epictetus도 "중요한 것은 일어나는 일이 아니라 그 일에 어떻게 반응하느냐다"라고 했다.

여기서 말하는 마음가짐이나 태도는 우리가 인생길을 걸어가는 자세와 같다. 험한 지형이 나타났을 때 그 길을 난관이나 역경으로만 생각하면 발걸음이 더욱 무거워지고 몸의 균형도 쉽게 흐트러진다. 반대로 이 정도 험한 코스는 충분히 뚫고 갈 수 있다는 자신감을 갖고 걸으면 발걸음이 한결 가벼워지고 걷는 자세도 안정된다.

도전에 직면했을 때 긍정적 마인드셋을 유지한다는 것은 쉽지 않다. 그래서 평소에 긍정적 사고를 하려고 노력해야 한다. 영어에선 이런 긍정적 태도를 '컵에 물이 반이 차 있다는 태도 glass-half-full attitude'라고 한다. 컵에 물이 아직 반이 남았다고 긍정적으로 보는 태도로, '반이 비었다는 태도 glass-half-empty attitude'의 반대다. 모든 상황을 긍정적으로 보는 습관을 들이면 인생길에 돌밭 길이 나오든 진흙길이 나오든 자신감을 갖고 큰 걸음으로 나아갈 수 있다.

Life
Lessons

2
장

역경과 시련을 이겨내다

탈선의 경험에서
지혜를 배우다

여행을 떠나면 걷기도 하지만 비행기, 기차, 배 같은 것을 타야 할 때도 있다. 비행기 여행이 일반적이지 않던 1960~1970년대까지만 해도 기차는 장거리 여행에서 가장 편리한 수단이었다. 답답한 비행기 여행과 달리 기차 여행은 느리지만 낭만과 멋이 있다. 배경이 다양한 사람을 만나고 인생을 배우기도 한다.

기차 여행 하면 떠오르는 나라는 인도다. 인도는 넓은 땅에 많은 인구가 살고 있어서 여객과 화물을 장거리로 운반해야 하는 수요가 많다. 인구는 많고 평균 소득이 낮은 인도에서 기차는 비용 대비 효과가 가장 뛰어난 운반 수단이다. 이런 배경에서 인도는 세계에서 4번째로 긴 철도망을 갖고 있다. 기차 여행은 인도 사람들에게는 일상의 한 부분인 셈이다.

2009년부터 2010년까지 18개월 동안 기차를 타고 인도 구석구석을 여행한 모니샤 라제시Monisha Rajesh는 《80개 열차 편으로 인도를 돌다Around India in 80 Trains》란 책을 썼다. 영국 언론인 모니샤에게 부모의 나라 인도는 낯선 땅이었다. 어릴 때 부모와 함께 2년 정도 인도로 돌아가 정착하려 해보았지만 적응하지 못하고 다시 영국으로 돌아간 적이 있다. 그 시절에 관하여 모니샤가 가장 인상 깊게 기억하는 것은 기숙학교에 다니는 오빠를 방문하기 위해 판디안 급행열차를 탄 일이다. 당시 커튼이 드리워진 안락한 객실에서 창밖으로 지나가는 인도의 풍경을 본 기억이 성인이 되어도 잊히지 않았다. 그래서 20년 후 다시 기차를 타고 인도 전역을 여행해보기로 했다. 자신에게 아직 낯설기만 한 모국을 삶의 현장에서 이해해보고 싶었다. 모니샤는 히말라야산맥부터 고아 해변까지 방방곡곡을 기차로 여행하며 정치가, 사업가, 농민, 인력거 운전수 등 다양한 사람을 만났다. 인도는 신흥 경제국으로 발돋움하고 있었지만 모니샤가 기차를 타고 여행하며 목격한 인도는 극심한 빈곤, 부패, 종교적 갈등의 굴레에 갇힌 나라였다. 기차 여행은 모니샤로 하여금 인생의 다양한 모습을 경험하고 부모의 모국인 국가 공동체의 문제를 새롭게 인식하는 계기가 되었다.

인도는 기차 사고가 많이 나는 것으로 악명이 높다. 2023년에는 동부 오디샤주에서 3대의 기차가 충돌해서 261명이 사망하고 1천 명이 부상당했다. 2018년에서 2020년까지 2,017건의 철도 사고가 발생했는데 그중 대부분이 궤도 이탈 사고였다. '궤도 이탈'을 영어로는 '디레일먼트derailment' 또는 '궤도에서 벗어나다off the rails'라고 표현한다.

궤도에서 이탈하는 것은 기차뿐만이 아니다. 우리가 타고 가는 인생 기차도 궤도를 이탈해서 사고가 날 수 있다. 영미인들은 사람, 경력, 인간관계, 계획, 경제, 건강 등이 기대했던 경로에서 벗어나 문제가 발생할 때 '궤도에서 이탈했다'라는 표현을 쓴다.

이 표현은 영어 서적에서 10대들의 탈선이나 방황을 묘사하는 맥락에서 가장 많이 등장한다. 수전 버로스Susan Burrowes는 《탈선Off the Rails》에서 술과 마약에 빠져 인생 궤도를 이탈한 딸 한나Hannah를 구하기 위하여 벌인 피눈물 나는 노력에 관해 이야기한다. 고민 끝에 수전과 남편은 자신들 힘으로는 딸의 빗나간 인생을 되돌릴 수 없다고 판단했다. 그래서 자연 치유 프로그램과 교정 시설 거주 치료 프로그램에 딸을 보냈다. 2년이 넘도록 힘들게 생활했지만 집을 떠나 낯선 곳에서 오래 치료받은 결과 한나는 조금씩 나아졌다. 수전과 남편도 딸을 자주 방문해서 치료 내용을 살피고 격려했다. 딸과 편지도 주고받았다. 물론 중간에 우여곡절도 많았다. 치료에 많은 돈을 쓰며 집중하다 보니 둘째 딸 카밀라에게는 충분한 관심을 주지 못했다. 그러나 서로가 떨어져 있어도 한 가족으로 같이 성장하고 변화하려고 노력했다. 궁극적으로 한나는 탈선한 생활에서 복귀했고 캘리포니아 미술대학을 우수한 성적으로 졸업할 수 있었다. 수전은 다음과 같이 말한다.

돌아보니 2년 동안 물속에 빠져 있었던 듯하다. […] 마침내 물 표면을 뚫고 올라왔을 때, 그동안 거부당했던 삶의 냄새를 들이켤 때 공기가 더 달콤하게 느껴진다. 발아래에선 조류가 끌어당기지만 우리는 물 위에 떠 있다. 한 번에 하루씩 이겨내며.

인생뿐만 아니라 일도 궤도에서 이탈할 때가 있다. 일이 기대대로 진행되지 않고 꼬이고 문제가 발생할 때다. 얼리샤 키스Alicia Keys는 싱어송라이터이자 피아니스트이며 영화배우이기도 하다. 2001년 그가 내놓은 데뷔 앨범 'A 마이너 노래들Songs in A Minor'은 전 세계적으로 1천 2백만 장이 팔렸다. 앨범에 수록된 '폴린Fallin'이란 싱글은 빌보드 핫 100 리스트 1위에 올라섰고, 2002년에 5개의 그래미상을 차지했다. 얼리샤는 컬럼비아 레코드와 막 전속 계약을 맺었을 때 노래의 성격을 놓고 소속사와 갈등을 빚었고, 공동 작업은 종종 궤도를 이탈했다.

16살 때는 상업적으로 성공할 가능성이 있는 앨범을 만드는 데 문외한이었다. 유명 프로듀서들과 함께 곡을 만들기 시작했는데 협력 작업은 금방 '궤도를 이탈했다.'

얼리샤가 곡을 쓰고 스튜디오에서 피아노로 연주하면 프로듀서들은 피아노 외에 더 화려한 악기를 쓰고 더 밝고 신나면 좋겠다는 반응을 보였다. 때로는 프로듀서들이 노래를 작곡해주었는데 얼리샤가 추구하고 싶은 음악이 아니었다. 결국 얼리샤는 독자적인 길을 찾기로 했다. 집에 설치한 간이 스튜디오에서 프로듀서인 친구 케리와 함께 노래를 만들었다. 컬럼비아 레코드 중역들은 얼리샤의 이미지를 바꾸고 성공 가능성이 더 높은 음악으로 유도하려 했지만 그는 따르지 않았다. 신인 가수에게는 도박이라고 할 수 있지만 자신의 음악을 고집하며 만든 데뷔 앨범은 대성공을 거두었고, 그는 존경받는 아티스트가 되었다.

사람뿐만 아니라 기업도 탈선할 때가 있다. 1986년 스티브 잡스, 앨비 레이 스미스Alvy Ray Smith와 함께 픽사 애니메이션 스튜디오를 공동 설립한 에드 캣멀Ed Catmull은 《창의성 기업Creativity Inc.》이란 회고록에서 잘 나가던 기업들이 왜 궤도에서 이탈하는가 하는 문제를 논한다.

> 당연히 그 기업들은 매우 우수했기 때문에 정상에 도달했을 것이다. 하지만 갑자기 매우 아둔한, 돌이켜볼 때뿐만 아니라 당시에도 분명 어리석다고 판단할 수 있는 행위를 했다. 나는 왜 그런지 궁금했다. 무엇 때문에 똑똑한 사람들이 기업을 '탈선시키는' 결정을 하는 것일까?

캣멀은 원인으로 3가지를 꼽는다. 첫째는 자기 성찰 부족이다. 기업이 성공과 경쟁에만 몰두해서 내부에서 잘못된 결정을 야기할 수 있는 파괴적 요소들을 성찰하지 않기 때문이다. 둘째는 자만심이다. 성공한 기업의 리더들은 자기 능력을 과신하는 나머지 기업의 장기적 번영을 위협할 수 있는 요소들을 보지 못한다. 셋째는 다른 기업의 실패에서 교훈을 얻지 못하는 것이다. 성공하는 기업의 리더는 창의성, 자기 성찰, 겸손, 실수에서 배우는 지혜를 중시하는 기업 문화를 구축해야 한다.

앞의 이야기에서 보듯이 탈선은 인생의 자연스러운 부분이다. 평생 한 번도 탈선하지 않는 사람은 거의 없다. 물론 우리가 탄 인생 열차가 종착역까지 무사히 가주면 좋은 일이다. 그러나 많은 경우 탈선을 경험한다. 사람이 탈선하고, 사업이 탈선하고, 인간관계가 탈선한다. 수전 버로스의 딸 한나의 이야기는 그것을 정상 궤도로 되돌릴 수도 있다는 것을 보여준다. 가고자 하는 방향의 시선을 잃지만 않으면 얼리샤 키스처럼 코스를 수정해 정상 궤도로 돌아갈 수 있다. 그렇게 하기 위해선 에드 캣멀이 말하듯이 끊임없는 자기 성찰이 필요하다. 즉, 지금 어느 지점에 있고 어느 방향으로 가고 있는지를 수시로 점검해야 한다. 그렇게 해서 탈선했다고 판단하면 코스를 수정해서 정상 궤도로 복귀하면 된다. 탈선은 성장통의 일부다. 탈선 자체를 두려워할 필요는 없다. 탈선 경험에서 지혜를 배우고 그 과정을 성장의 밑거름으로 삼으면 된다.

길을 잃었을 때
다시 길을 찾는 법

2001년 가을, 의대 3학년생이던 제이슨 라스무센Jason Rasmussen은 미국 미네소타주 수피리어 국립 수목림에 있는 바운더리 워터스 야생지대로 하이킹을 떠났다. 바운더리 워터스 야생지대는 넓이가 약 4,047 제곱킬로미터가 넘는 북부 한대 수림 지역이다. 제이슨은 지도를 갖고 있었지만 지도에 표시되지 않은 샛길이 많아서 길을 잘못 들어 방향을 잃었다. 설상가상으로 주머니 속의 지도마저 모르는 사이에 길에 떨구고 만다. 3일째 되는 날 그는 텐트 주위를 탐색하러 나섰다가 다시 길을 잃고 일주일 동안 헤매다 구출되었다. 구출되었을 때 제이슨은 텐트에서 고작 1.6킬로미터 정도 떨어져 있었다. 이 이야기는 캐리 그리피스Cary J. Griffith가 쓴 《야생 자연 속에서 길을 잃다Lost in the Wild》에 등장한다. 그리피스는 카누 여행 안내원 댄 스티븐스Dan Stephens의 이야기도 언급한다. 어느 날 댄은 스카우트 학생들과 인솔자를 이끌고 캐나다 온타리오주의 퀘티코 주립공원Quetico Provincial Park으로 갔다. 물에서 내려 카누를 내륙으로 운반할 경로를 찾기 위해 숲속으로 들어간 그는 실수로 넘어져 바닥에 머리를 부딪히고 기절했다. 이후 정신을 차린 그는 방향이 헷갈려 숲속을 헤매기 시작했다. 3일 동안 길을 찾으려고 숲속을 헤맨 그는 신고를 받고 출동한 구조대에 발견되었다.

이처럼 낯선 지역에 가거나 등산 혹은 황무지 하이킹을 하다 길을 잃은 경험이 있는 사람이 많다. 여행뿐만 아니라 인생 여정에서도 발생하는 일이다. 영어에서 '길을 잃다'는 '겟 로스트get lost'라고 한다. 인생 여정에서 길을 잃었다고 느끼는 상황은 크게 두 종류로 나눌 수 있다. 학업, 사업 등의 인생 목표를 상실했을 때, 그리고 인간관계가 파탄 나거나 의지하던 사람을 잃었을 때다.

빌리 포터Billy Porter는 가수, 작곡가, 뮤지컬 배우, 영화배우, 극작가, 영화감독 등 다방면으로 활동하며 여러 차례 에미상과 그래미상을 수상하여 할리우드와 브로드웨이의 아이콘이 된 인물이다. 그렇지만 어린 시절에는 동성애자란 낙인이 찍혀 온갖 차별과 학대를 겪었다. 빌리는 외로움, 멸시, 천대를 극복하기 위하여 노래와 춤 등 공연예술에 심취했고, 1992년에 신인 오디션 프로그램에서 우승하며 각광받기 시작했다. 1996년 그는 〈조강지처 클럽First Wives Club〉이란 영화의 타이틀 곡으로 '러브 이즈 온 더 웨이Love is on the Way'를 작곡하고 녹음했다. 그러나 영화가 성공하지 못해 노래도 큰 관심을 끌지 못했다.

1997년 빌리는 '러브 이즈 온 더 웨이'가 포함된 데뷔 앨범을 발표했다. 그러나 음반사가 흑인 가수의 앨범 홍보에 무관심해서 대중에게 제대로 알려지지 못했다. 어느 날 빌리는 소니 엔터테인먼트사 CEO의 비서였던 지인의 전화를 받았다. 출시를 앞둔 셀린 디옹의 새 앨범을 들어봤는데 '러브 이즈 온 더 웨이'가 들어 있었다는 소식이었다. 빌리는 귀를 의심했다. 자신의 곡이 다른 가수 앨범에 들어가 있다니. 알고 보니 판권을 쥐고 있는 음반사가 셀린 디옹이 자신의 노래를 리메이크하는 것을 허락했고, 심지어 자신과 같이 음반 작업을 했던 팀이 셀린 디옹의 리메이크 곡을 만드는 데도 투입되었다. 빌리는《보호받지 못한Unprotected》이란 제목의 회고록에서 당시 상황을 "예수를 발견한 것처럼 중요한 사실을 깨달은 순간"이라고 묘사했다. 그는 다른 사람들의 편견에 자신의 인생을 맡기는 대신 '자신을 찾아가는 여행'을 하겠다고 마음먹는다. 그러곤 음반사를 찾아가 결별을 고한다. 자신의 영예를 지키기 위해 평생의 꿈을 포기하는 행위였다. 이후 빌리는 실패했다는 자괴감 속에서 생계까지 걱정해야 하는 어려운 시기를 보낸다. 그는 당시 상황을 다음과 같이 회고한다.

> 모든 것이 사라졌다. 난 '길을 잃었다.' 어느 길을 선택해야 할지 감도 잡을 수 없었다.

조 말론 향수로 유명한 조 말론Jo Malone은 어릴 때부터 향수에 관심이 많았다. 조는 학교를 졸업한 후 피부 관리사로 일하면서 자신이 만든 향수를 넣은 목욕용 오일과 초를 만들어 고객들에게 선물했다. 무료 선물이 큰 인기를 끌자 1983년에 자신의 이름을 딴 회사를 설립했다. 조 말론 향수는 곧바로 성공하여 세계적으로 유명한 브랜드로 떠올랐다. 조는 그렇게 손수 키운 기업을 1999년에 에스티 로더에 매각해서 큰돈을 쥐었다. 그런데 이후 조는 예기치 않았던 상실감에 빠졌다. 그전까지는 자신과 조 말론 브랜드는 한몸이나 마찬가지였다. 하지만 그 관계가 깨지자 조는 중요한 신체 일부를 잃은 듯이 허탈했다. 자기 신분을 대변하는 역할, 지위, 직장을 잃은 사람들 대부분이 비슷한 상실감을 경험한다. 정년 퇴임 후 '회사가 나고 내가 회사'인 관계가 갑자기 단절되며 느끼는 공허함 같은 것이다. 조 말론은 자서전 《조 말론, 나의 이야기Jo Malone, My Story》에서 그 상황을 다음과 같이 술회한다.

> 우리를 대표하던 것에서 옆으로 비켜섰을 때 우리는 무엇인가? 바로 그 때문에 난 42세 나이에 '길을 잃었다고' 느낀 것 같다.

인생 목표를 상실할 때뿐 아니라 의지하던 인간관계가 파탄 났을 때도 우리는 길을 잃었다고 느낀다. 결혼 생활이 대표적이다. 미국의 유명 배우 제인 폰다Jane Fonda는 52세가 되던 1991년에 언론계 거물이자 억만장자인 26세 연상의 테드 터너Ted Turner와 결혼했다. 그리고 10년 후인 2001년에 이혼했다. 두 사람의 결혼 생활은 서로 다른 관심사와 라이프 스타일 때문에 많은 곡절을 겪었다. 결혼 생활 내내 자신을 억누르고 테드에 맞춰 살던 제인은 더 이상 관계를 지속하기 힘들다고 느꼈다. 그래서 어느 날 몬태나주에 있는 테드의 목장에 낚시 여행을 갔을 때 용기를 내어 속내를 털어놓았다. 인생에 대한 관점을 설명하고 테드에게 자신의 가치를 수용해줄 것을 요청했다. 테드의 반응은 역정과 분노였다. 제인은 《지금까지의 내 인생My Life So Far》이라는 회고록에서 그때의 심정을 다음과 같이 적었다.

> 나는 '길을 잃고' 속이 텅 빈 느낌이었다. 나는 채움이 필요했다.

길을 잃었다면 어떻게 해야 하나? 너무도 당연한 말 같지만 길을 찾아야 한다. 인생 목표를 상실했다면 새로운 목표, 즉 새로운 목적지를 설정하면 된다. 빌리 포터는 실패에 굴하지 않고 공연가로 성공하겠다는 목표를 다시 세우고 노력하여 전설적 위치에 올라섰다. 조 말론은 조 러브스Jo Loves란 새 브랜드를 만들고 열정을 쏟아 대성공을 거두었다. 잡지 〈뉴요커〉 전속 작가로 퓰리처상을 수상한 캐트린 슐츠Kathryn Schulz는 《잃기와 찾기Lost & Found》란 회고록에서 인생의 기둥 같던 아버지를 잃은 상실감을 토로한다. 그리고 일, 인간관계, 삶에서 새로운 의미를 찾아 상실감을 극복한 과정을 이야기한다.

그러나 길을 잃었을 때 항상 자신의 노력으로 길을 다시 찾을 수 있는 것은 아니다. 광대한 야생 우림에서 길을 잃은 제이슨과 댄은 구조대에 의하여 구출되었다. 우리말에선 '길을 잃다'라고 하는 반면에 영어에서 '잃어지다get lost'라고 수동태로 표현하는 데는 심오한 의미가 있다. 캐트린의 회고록 제목 '잃기와 찾기'도 영어 제목을 직역식으로 옮기면 '잃어지기와 찾아지기'다. 여기에는 길을 찾는 일이 자기 의지대로만 되는 것은 아니란 의미가 있다. 미국의 국가적 찬송가로 불리는 '놀라운 은총Amazing Grace'도 잃은 것을 찾는 기쁨을 노래한다.

> 한때 나는 잃어졌지만 지금은 찾아졌다. 한때 장님이었지만 지금은 볼 수 있다.

제인 폰다가 결혼 생활의 어려움 속에서 의지한 것은 신앙이었다. 파탄 난 인간관계 때문에 인생길을 잃었을 때 구조대를 기다리듯 신에게 영적 '찾아짐'을 갈구했다.

혼자 힘만으로는 다시 길을 찾기 어려울 때가 많다. 그때도 구조에 대한 희망을 버리지 말자. 내 의지로 길을 잃은 것이 아니듯, 내 의지와 상관없이 구조의 손길이 찾아올 가능성을 생각하자. 그 손길이 친구든 신이든 새로운 사랑이든 '나는 찾아질 수' 있다.

인생길 '러트'에
빠졌을 때

비포장 흙길에는 자동차가 자주 지나간 자국을 따라서 골이 패인다. 이렇게 자동차 바퀴들이 지나가며 만든 골을 영어로 '러트rut'라고 한다. 러트가 깊어서 바퀴가 빠지면 밖으로 나오기 어려워 골만 따라가게 된다. 이 상태를 '러트에 박히다be stuck in a rut'라고 한다. 비유적으로는 사람이나 상황이 같은 패턴을 반복하는 상태를 일컫는다. 어떤 일을 습관적으로 반복해서 단조롭고 비생산적인 상태에 빠진 것이다. 인생 도로에도 이미 다른 차들이 지나간 바큇자국을 따라 골이 패여 있다. 나의 인생 자동차가 그 자국을 따라간다는 것은 수많은 사람이 앞서 반복했던 행동 패턴, 사고방식, 문제 해결책 등을 답습한다는 의미다. 그 자국을 따라가는 운전은 안전, 효율성, 예측 가능성, 일관성, 시간 절약 면에서 장점이 될 수도 있다. 그러나 '러트'에 박힌 인생은 변화가 없어 단조롭고 따분하며 성장이 없다.

윌리 넬슨Willie Nelson은 '빗속에 울고 있는 푸른 눈Blue Eyes Crying in the Rain', '온 더 로드 어게인On the Road Again' 같은 히트곡을 터뜨리며 1970년 대에 절정의 인기를 구가한 미국 컨트리 음악의 아이콘이다. 그는 초 창기 시절에 RCA 음반사와 전속 계약을 맺고 활동했다. RCA는 그를 컨트리 음악의 스타로 키우려 했기 때문에 당시 내슈빌 음악계의 주 류 음악풍을 따르도록 유도했다. 윌리의 앨범 프로듀서였던 쳇 앳킨 스Chet Atkins는 믹싱 기술, 코러스 등을 동원해서 화려한 음악을 만들려 고 했다. 윌리는 슈퍼스타가 될 수 있다는 쳇의 달콤한 말에 현혹되어 그의 스타일을 따랐다. '좋은 시절Good Times'이란 앨범이 나왔을 때 윌 리는 자신의 목소리가 화려한 현악기와 코러스에 묻힌 것을 안타까 워했다. 앨범 커버에는 뚱딴지같이 윌리가 골프장에서 예쁜 소녀에 게 퍼팅을 가르치는 사진이 실렸다.

그 앨범은 처참하게 망했다. 또다시 나는 '러트에 빠져 버렸다.'

윌리는 자신이 자기 음악을 추구하기보다 다른 사람의 기대에 부 응하려 노력하고 있다는 사실을 깨달았다. 그는 레이 찰스Ray Charles나 밥 딜런Bob Dylan처럼 전형을 깨며 장르를 넘나드는 아티스트에게서 영감을 얻었다. 결국 자신이 하고 싶은 음악을 자유롭게 추구하기 위 하여 RCA와의 계약을 파기하고 애틀랜틱 레코드라는 음반사를 설립 했다. 다른 장르의 음악가들과 협업하고 국내외 공연을 통해 팬들과 호흡을 같이했다. 그 과정에서 발표한 앨범들은 비평가의 찬사를 받고 상업적으로 큰 성공을 거두었다. 2016년에 발간한 《말하자면 긴 이야기It's a Long Story》에서 고백한 사연이다.

대니얼라 라마스Daniela Lamas는 중환자 치료를 전문으로 하는 의사다. 그는 《이제 흥얼거리는 것을 멈춰도 돼요You Can Stop Humming Now》란 책에서 자신이 경험한 중환자들의 삶과 죽음을 이야기한다. 이야기에 소개된 환자 중에는 신디 스크리브너Cindy Scribner란 젊은 엄마가 있다. 신디의 증세는 임신 중에 기침을 자주 하며 시작되었다. 기침이 심해지고 구토까지 하게 된 그는 동네 병원을 찾았다. 의사는 큰 병이 아닐 거라고 생각하고는 비강 흡입기를 처방하고 엑스레이를 찍도록 했다. 며칠 후 의사는 신디에게 전화를 걸어 흉부내과 전문의의 진단을 받도록 권고했다. 정밀 검사 결과 폐 기능이 거의 상실되어 폐 이식을 받아야 한다는 진단이 내려졌다. 신디는 중환자실에서 의료 장치를 달고 이식할 폐가 구해질 때까지 기다려야 했다. 그때 대니얼라는 신디를 만났다. 긴 기다림 끝에 다행히 이식할 폐를 구할 수 있었고, 수술은 성공적이었다. 그러나 장기이식 후에도 신디는 긴장과 걱정 때문에 정상 생활로 돌아갈 수 없었다. 기침이라도 나면 곧바로 구급차를 타고 병원으로 가서 며칠씩 입원하며 장기 거부반응이 아닌지 검사받아야 했다.

"제가 러트에 빠진 것 같아요." 신디는 주말을 맞아 가족들이 모여 있던 안락한 주택의 거실에서 말했다. 퇴원하고 몇

주가 지난 어느 토요일이었다.

그날은 장기이식 후 신디를 괴롭히던 신경 장애가 특히 심해서 다리가 저리고 감각이 없었다. 그는 집과 병원을 오가며 장기이식에 따른 정신적·신체적 후유증과 싸우느라 지쳐갔다. 장기 거부 증상이 발생할까 봐 항상 노심초사했다. 수술 상처 때문에 자기 몸에 대한 자신감도 잃었다. 대니얼라는 신디가 정신적 안정을 찾는 것이 중요하다고 생각했다. 그래서 장기이식을 해준 병원의 의사와 간호사들을 찾아가보도록 권했다. 병원 의료진은 신디를 반갑게 맞아주었다. 신디는 병원에서 자신처럼 이식을 기다리고 있는 환자들을 만나 그들을 위로하고 격려했다. 이 경험을 통해 그는 자신이 새로운 삶의 기회를 얻은 것이 얼마나 고마운 일인지를 다시 실감했다. 그리고 이전 생활로 완전히 복귀하는 것은 불가능하다는 현실을 받아들이기 시작했다. 동시에 새롭게 주어진 삶의 기회를 소중히 여기고 아이들을 포함한 가족, 친구 등 삶의 긍정적 요소에 초점을 맞추기로 마음먹었다. 신체적 제약이 생겼더라도 인생의 '러트'에서 탈피해서 나름대로 세상에 기여할 수 있는 새로운 방법을 찾기 시작했다.

브루스 아웃리지Bruce Outridge는 30년 동안 트럭 운송 분야에 종사했다. 처음에는 트럭 운전수로 시작했다가 자신의 사업체를 세워 CEO로 변신했다. 트럭 운전수로 일할 때였다. 브루스는 사내에서 고참에 속했고 능력도 인정받고 있었다. 가장 좋은 노선을 배정받아 수입도 좋았고 모든 것이 안정적이었다. 항상 출시된 지 2년 이내인 새 트럭을 운전했고 휴가나 복지 혜택에서도 좋은 대우를 받았다. 전문 트럭 운전수로서 바랄 수 있는 모든 것을 이뤘다고 할 수 있었다.

> 여러분은 '러트에 빠진' 적이 있는가? 하루가 그저 무료하게 지나가는 것처럼 느낀 적이 있는가? […] 운전수로 일할 때 나에게 그런 일이 일어났다. 근무하는 회사에서 높은 수준의 만족감을 달성했을 때였다.

브루스는 회사에서 존경과 좋은 대우를 받을 때까지 열심히 일했다. 트럭이 항상 반짝거리도록 열심히 닦고, 언제나 정시에 운송 임무를 마쳤고, 팀에 일이 많으면 적극 나서서 도왔다. 트럭 운전수로서 자신이 바란 것을 모두 이뤘다고 생각하자 성장이 멈추며 지루함이 시작됐다. 브루스는 자신의 삶이 '러트'에 빠졌다고 느꼈을 때 선택의 기로에 직면했다. 안정되고 평안한 지금의 생활 방식을 유지할 것인가아니면 변화를 시도할 것인가? 궁극적으로 브루스는 안정된 소득이보장된 직장을 나와 자신의 회사를 차리는 일대 전환을 선택했다. 그는 《마일씩 달리기Running by the Mile》란 회고록에서 자신의 결정을 '인생을 한번 뒤집어보기'로 묘사한다. 새로운 도전적 목표를 설정하고모험을 걸었다. '러트'에서 벗어나기 위해 대담한 결정을 한 것이다.

앞의 이야기에서 '러트'는 다음과 같은 상태를 가리킨다는 것을 알수 있다. 첫째, '러트'는 단순히 미래가 없는 고달픈 상황에 갇힌 상태를 의미하지는 않는다. 환경이 좋아도 변화 없이 같은 패턴이 반복되어 성장이 정체된 상황을 '러트'라고 한다. 브루스 아웃리지의 이야기가 여기에 해당한다. 아무리 돈이 많고 잘 나가도 '러트'에 빠질 수 있다. 우울증을 겪는 사람 중 꽤 많은 수는 의외로 생활이 풍요롭다고 한다. 변화 없고 패턴이 같은 생활이 반복되면 무료함에 빠지고, 우울증으로 발전할 수도 있다. 둘째, 자기 가치관과 맞지 않는 일을 반복하면서 의욕이 사라진 상태도 '러트'에 포함된다. 금전적 성공과 유명세가 보장된 길이라도 자신이 하고 싶은 일이나 가치관과 맞지 않으면 열정을 가질 수 없다. 열정이 없는 일을 반복하다 보면 '러트'에 빠졌다는 느낌이 들기 마련이다. RCA에서 자신의 가치관과 맞지 않는 음악을 강요받았던 윌리 넬슨의 이야기가 여기에 해당한다. 셋째, 주어진 상황의 제약 때문에 자신이 원하는 것을 할 수 없다는 무력감도 '러트'에 빠진 느낌을 가져다준다. 폐를 이식받은 후 정상 생활을 되찾기 힘들어 좌절한 신디 스크리브너의 이야기가 여기에 해당한다.

두말할 나위 없이 '러트'에서 벗어나려면 변화를 시도해야 한다. 대부분의 사람들은 여기서 멈칫한다. 윌리 넬슨처럼 소속사를 박차고 나가거나 브루스 아웃리지처럼 다니던 회사를 그만두고 자기 회사를 차리는 식으로 '인생을 뒤집어엎는' 변화를 시도할 수 있다면 얼마나 신나고 통쾌할까? 그렇지만 그 도박은 엄청난 위험을 동반한다. 나 혼자면 모르겠지만 학교에 다니는 자식이 있고, 매달 일정한 지출을 해야 한다. 브루스 아웃리지는 그렇게 극단적인 변화를 시도해야만 '러트'를 탈출할 수 있는 것은 아니라고 강조한다.

'인생을 뒤집어보라'라는 말은 비유적 표현이다. 직장을 때려치우고 가족을 길거리에 나앉게 만들어놓고 커피숍에 가서 소일하라는 말이 아니다. 처음 자신의 직업에 발을 들여놓았을 때나 직장에 취직했을 때 지니고 있던 열의에 화력을 공급한 것이 무엇인지 생각하고 그것을 되찾으려고 시도해보란 말이다.

실천을 위해 먼저 직장, 직업, 개인 생활에서 성취하고 싶은 '버킷 리스트'를 만들어보자. 그리고 리스트에 있는 일을 달성하기 위하여 당장 작은 행동이라도 취해보자. 회사를 운영한다면 조직에 활력과 열의를 불어넣기 위하여 어느 부분에 변화가 필요한지 살펴보자. 변화란 새로운 것을 도입하는 것만 의미하지는 않는다. 때로는 변화를 막거나 정체를 야기하는 규제나 관습을 폐기하는 것이 해결책일 수도 있다. 익숙하지 않은 것에 대한 두려움을 버리는 것도 중요하다. 이것을 '자신의 안락한 구역 벗어나기step outside of your comfort zone'라고 한다. 변화란 말 자체가 익숙한 환경을 벗어나는 것을 뜻한다. 새로운 취미, 새로운 음식에 대한 도전, 새로운 여행지 방문, 새로운 친구들과 어울리기 등 일상생활의 작은 변화도 '러트'에 빠진 느낌에서 탈피하는 데 도움을 준다. 현실에 대한 불만도 '러트'에 빠진 느낌을 야기한다. 현실을 받아들이고 그 안에서 긍정적 요소를 찾아보자. 내 일에서 나의 가치관과 일치하는 부분을 찾아보자. 혼자서만 바둥대지 말고, 가치관과 긍정적 사고를 공유하는 사람들과 네트워크를 만드는 것도 좋은 방법이다. 주변 사람들의 격려와 지원이 '러트'에서 벗어나기 위한 첫발을 내딛는 데 큰 힘이 될 수 있다.

새로운 길을
개척하라

하이킹할 때 사람들 대부분은 정해진 길을 따라 걷는다. 그 길은 경로 route, 등산길trail 또는 그냥 '길path'이라고 부른다. 이미 나 있는 길을 따라가면 안전하다. 수시로 위치와 방향을 파악할 필요 없이 그저 잘 따라가면 목적지에 도달할 수 있기 때문이다. 길의 형태가 명확할수록 이미 많은 사람이 밟으며 지나갔다는 뜻이기 때문에 더욱 안심할 수 있다. 하지만 그 길은 누군가가 처음 걸으며 개척했기 때문에 생길 수 있었다. 인생길에도 새로운 길을 뚫는 사람이 있다. 그처럼 새 길을 뚫는 사람을 영어로 '트레일 블레이저trail blazer'라고 한다. 반면 다른 사람이 닦아놓은 길을 따라가는 사람은 '트레일 폴로어trail follower'라고 한다. 블레이즈blaze는 새 길의 방향을 알리기 위해 나무에 새기거나 그린 표식을 말한다. 트레일 블레이저는 새 길을 개척하며 나무에 경로를 표시해놓은 사람이다.

우리 대부분은 트레일 폴로어다. 다른 사람이 만든 길만 걸으면 안전하지만, 한편 남이 하는 대로 답습하는 구태에 빠질 수 있다. 자식은 부모의 직업을 이어받고, 부모의 가치관을 따르고, 부모의 습관을 모방한다. 사회 구성원은 오랜 세대를 거쳐 내려온 관습이나 규범을 반복하며 살아간다. 기업은 다른 기업이 창안한 사업 아이템을 따라 하고, 다른 기업이 만든 시장에서 바둥거리며 경쟁하고, 다른 기업의 경영 철학이나 패러다임을 모방한다.

다른 사람이 닦은 길을 가는 것은 리스크가 적지만 대가가 따른다. 창의성과 새로운 것을 볼 수 있는 안목이 쇠퇴한다. 이미 놓인 길을 따라가기만 하면 되기 때문에 자신의 경로를 생각하지 않는다. 새로운 경로의 가능성을 탐색하거나 새로운 시각으로 주변을 바라보려 시도할 필요가 없다. 시야가 좁아지고 동일한 사고와 행동 패턴에 갇힌다. 자신이 반복하는 일에 대하여 '왜 꼭 그래야 하나?'라는 질문을 하지 않게 된다.

남아프리카공화국의 흑인 인권 운동가이자 최초의 흑인 대통령이었던 넬슨 만델라Nelson Mandela는 1918년 태어났다. 그는 남아공의 코사Xhosa 언어 문화권에서 성장했다. 코사는 남아공에서 영어를 제외하고 가장 많이 쓰이는 토착 언어다. 남아공 주민의 약 16퍼센트가 코사를 제1 언어로 배우며 자란다. 만델라는 자서전《자유를 향한 머나먼 길Long Walk to Freedom》에서 어린 시절을 회고한다. 특히 외부 세계와 단절된 코사 문화권에서 성장하여 지역사회의 전통, 관습, 삶의 방식을 당연한 것으로 받아들인 점, 그 결과 백인 문화권을 처음 접했을 때 충격받았던 경험을 이야기한다.

> 내 인생, 그리고 코사인 대부분의 인생은 [사회적] 관습, 의례, 금기를 통해 형성되었다. 그것이 우리 존재의 알파이자 오메가였고, 아무도 거기에 의문을 달지 않았다. 남자는 아버지가 닦아놓은 길을 따라갔고, 여자는 앞 세대인 어머니와 조모의 삶을 그대로 답습했다.

만델라도 다른 코사 아이들처럼 관찰을 통해 지식을 습득했다. 어른들의 행동 방식을 흉내 내고 모방하며 배웠다. 왜 그래야 하는지 따지고 묻는 것은 허용되지 않았다. 아니, 그런 의식 자체가 없었다.

> 그러던 차에 처음 백인 가정을 방문했을 때 백인 아이들이 부모에게 자주 질문하는 것과 질문의 내용, 그리고 매번 답해주는 부모의 적극성을 보고 충격을 받았다.

만델라가 남아공 최초 흑인 대통령이라는 트레일 블레이저가 될 수 있었던 것은 생각과 사고방식을 규정하는 관습의 틀에서 벗어나 열린 생각으로 세상을 보았기 때문이다.

만델라 외에도 역사상 트레일 블레이저라고 할 만한 인물은 매우 많다. 인도 독립운동을 이끈 마하트마 간디, 미국 흑인 민권운동의 거목 마틴 루서 킹, 자연법칙을 새로 써서 인류의 발전에 기여한 알베르트 아인슈타인, 사회적 약자와 동행하며 그들의 고통을 덜어주기 위해 평생을 바친 테레사 수녀, 심각한 육체적 장애를 딛고 양자물리학, 블랙홀 이론 등 우주물리학 발전에 획기적 족적을 남긴 스티븐 호킹 등. 좀 더 가까운 시기로 눈을 돌려보자.

마크 베니오프Marc Benioff는 세계 최초로 클라우드 컴퓨팅을 사용하여 고객 관리CRM 마케팅 소프트웨어를 제공한 세일즈포스Salesforce의 공동 설립자이자 CEO다. 마크는 클라우드 컴퓨팅이 세상에 알려지지 않았을 때 이 기술의 잠재력을 인지하고 성공적 기업을 세운 트레일 블레이저다.《트레일 블레이저: 변혁의 가장 훌륭한 플랫폼으로서 기업의 힘Trailblazer: The Power of Business as the Greatest Platform for Change》에서 그는 세일즈포스 설립 정신을 다음과 같이 설명한다.

> 세일즈포스 이면의 거시적 아이디어는 기업이 클라우드를 통해 경영 및 고객 관리에 필요한 소프트웨어에 쉽게 접근하도록 하자는 것이었다.

마크는 기업이 평등equality, 다양성diversity, 포용성inclusion이란 사회적 가치를 구현하는 핵심 플랫폼이 될 수 있다고 주장하고, 실제로 그 비전을 실천했다는 점에서 트레일 블레이저다. 가령 사내 평등과 포용성을 증진하기 위해 새로운 직군 코드와 표준을 개발해 모든 자회사에 적용했다. 그 결과 어떤 조직에 속하든 동일한 업무를 하면 동일한

임금을 받도록 했다. 또한 승진, 연봉 인상, 보너스, 스톡옵션 등에서 성별·조직 간 차별을 없애는 조치를 취했다. 마크는 '오하나Ohana' 철학을 포용적 기업 문화의 핵심 요소로 채택했다. '오하나'는 하와이 언어로 가족이란 뜻이다. 어떤 조직에 속하든 모든 직원이 한 가족으로 존중받고 차별 없이 대우받도록 한다는 철학이다.

샌드라 페런Sandra Perron은 절대적 남성 중심 조직인 캐나다 육군 최초의 여성 장교라는 점에서 트레일 블레이저다. 단순히 장교라는 계급에 오른 점보다는 온갖 차별과 성적 학대를 이겨내고 그 자리에 올랐다는 면에서 더욱 그렇다. 샌드라는 어느 부대에 소속되든 유일한 여성일 때가 많았고, 능력을 인정받기 위하여 동료 남성보다 2배 이상 노력해야 했다. 일상적인 성차별도 견뎌야 했다. 앨버타에서 군사 훈련을 받을 때의 일이었다. 샌드라는 수송 부대의 유일한 여성이었는데, 야밤에 술 취한 남성 장병이 샌드라의 텐트에 무단으로 들어왔다. 그러고는 자신에게 관심 있는 것 같으니 연애하자고 했다. 샌드라는 당장 나가라고 소리 지르며 쫓아내고는 두려워서 훈련복 차림으로 밤을 지새웠다. 이후에도 비슷한 일이 일어나자 그제야 부대장이 샌드라의 텐트 밖에 보초를 세웠다. 나중에는 성폭행당해 임신까지 한 적이 있다. 군 책임자들은 성적 괴롭힘을 심각하게 받아들이지 않았다. 오히려 '남자들은 원래 그래. 그러니까 동료 남성을 성적으로 자극하지 않도록 행동을 조심하라고' 같은 핀잔을 했다. 2017년에 출간한 회고록《필드 밖에 서 있기Out Standing in the Field》에서 샌드라는 당시 상황을 술회한다.

상황을 심각하게 받아들여서는 안 된다는 생각이 군 문화에 대한 나의 의식에 각인되어 있었다. 그런 일을 악의 없는 하찮은 일로 받아들이도록 세뇌되고 있었다.

샌드라는 남성 위주의 군 문화에 굴하지 않았다. 부당한 관습에 도전하며 능력을 입증하기 위하여 더욱 노력했다. 노력을 인정받은 그는 같이 장교 훈련을 받은 남성들보다 빨리 승진했다. 그리고 20년간 복무한 끝에 2006년에 중령으로 예편했다.

마시 알리네자드Masih Alinejad는 이란 출신 저널리스트이자 여성 인권 운동가다. 1976년 전통적인 무슬림 가정에서 태어난 그는 이슬람 율법에 따라 얼굴과 목을 가리는 히잡을 쓰고 자랐다. 그렇지만 마시는 어릴 때부터 정치적 비판 의식이 있었다. 1994년에는 정부를 비난하는 소책자를 썼다가 체포되기도 했다. 마시는 성인이 되어 지역 신문 기자로 언론계에 발을 들였다. 기자로 활동하면서도 이란 정부에 비판적인 기사를 여러 편 썼다. 그러던 2009년 대통령 선거 결과를 놓고 항의 시위가 벌어졌다. 마시는 시위의 배후 인물로 몰려 체포되었다가 풀려났다. 신변의 위협을 느낀 그는 결국 영국으로 이주했고, 2014년에 '나의 비밀스러운 자유My Stealthy Freedom'란 페이스북 페이지를 만들어 히잡 반대 운동을 시작했다. 캠페인에 대한 반응은 즉각적이고 놀라웠다. 이란 전역 여성들이 히잡을 쓰지 않은 사진을 찍어 페이스북 페이지에 올리기 시작했다. 마시는《내 머리를 스치는 바람: 현대 이란의 자유를 위한 투쟁The Wind in My Hair: My Fight for Freedom in Modern

Iran》에서 다음과 같이 말한다.

> 대부분의 이란 여성은 항상 어깨를 앞으로 모은 위축된 자세를 하고 있다. 그런데 '나의 비밀스러운 자유' 페이지에 사진을 올리는 여성들은 정반대였다. 당당하게 어깨를 펴고, 두 손을 하늘 높이 쳐들고 있었다. 이란 여성들도 자유롭다는 것을 세상에 보여주는 자세였다.

마시는 강제 히잡법 등 이란의 반인권적 규범과 정책에 항거하는 운동을 주도했고, 소셜 네트워크 서비스SNS를 운동의 플랫폼으로 사용했다는 점에서 트레일 블레이저다. 2016년 뉴욕 링컨센터에서 세계 여성 정상 회의Women in the World Summit가 열렸다. 마시는 주요 초청 인사 중 한 사람으로 참가했다. 많은 청중 앞에서 무대에 올라 유명 언론인이자 작가 티나 브라운Tina Brown과 대담했다. 티나가 마시에게 '나의 비밀스러운 자유' 운동을 시작한 계기를 묻자 그는 이렇게 대답했다.

> 제 머리를 스치는 바람을 즐기던 것이 계기가 되었죠. 무슨 뚱딴지같은 말이냐고 하시겠지만, 우리 이란 여성들에게는 큰 의미가 있습니다. 제 머리를 스치는 바람을 느낄 때마다 저는 제 머리가 이란 정부의 손아귀에 인질로 잡혀 있던 시간이 생각나거든요.

트레일 블레이저는 새로운 길을 뚫어 변화를 불러일으키고 많은 사람이 그 길을 이용하도록 해주는 사람이다. 물론 누구나 트레일 블레이저가 된다면 좋겠지만 모두가 그럴 수는 없고, 트레일 폴로어라고 해서 창피할 일도 아니다. 경영 관리자이자 강연가 앤드루 데이비스Andrew Davis에 따르면 트레일 블레이저는 전체 인구의 2.5퍼센트 남짓이다. 트레일 블레이저가 뚫은 길을 가장 먼저 쫓아가는 얼리어댑터는 전체 인구의 약 13퍼센트라고 한다.

비록 새 길을 뚫지는 못하더라도 최소한 무의식적으로 기존 길을 쫓아가지는 말자. 깨어 있는 눈으로 주변 어디에 새 길이 뚫려 있는지 예의 주시하자. 길이 보이면 가장 먼저 과감하게 따라가보자. 아직 제대로 닦이지 않은 길의 잡초를 치우고 넓혀서 다른 사람이 쉽게 따라가게 해주는 얼리어댑터가 되어보자. 새로운 것을 다른 사람보다 먼저 받아들이고 주위에 전파하자. 아무런 생각 없이 길을 쫓아가는 인생보다는 더 다채롭고 신나는 인생이 되지 않을까?

역경을 맞이해도
넘어가면 그만이다

과속을 막기 위하여 도로 위에 만든 둔덕을 스피드 범프speed bump 또는 '도로 위의 범프a bump in the road'라고 한다. 자동차로 범프 위를 지나가면 차체가 흔들린다. 범프가 높다면 차체가 크게 요동칠 수 있다. 인생을 자동차 여행에 비유하면 '도로 위의 범프'는 한번 넘어가면 끝나는 일시적 어려움이나 도전을 의미한다.

지금은 고인이 된 신경외과 전문의 폴 칼라니티Paul Kalanithi는 레지던트 과정을 막 끝낸 36세 때 폐암 4기 진단을 받았다. 생존 가능성은 5퍼센트였다. 처음 암 진단을 받았을 때 폴은 크게 낙담했다. 앞날이 창창했던 의과대생에서 하루아침에 죽음을 걱정해야 하는 환자가 되었다. 아내와 함께 그렸던 미래의 삶은 신기루가 되었다. 더구나 아내는 임신 중이었다. 자신의 아이가 세상을 향해 오고 있을 때 그는 세상을 떠나야 할지 모르는 운명이었다. 그러나 폴은 생명에 대한 희망의 끈을 놓지 않았고 수차례의 항암 치료를 받았다. 그리고 의사가 아니라 환자 입장에서 투병기를 썼다. 투병기는 2016년에 《숨결이 바람 될 때When Breath Becomes Air》라는 책으로 출간되었다. 안타깝게도 폴은 책이 출간되기 몇 달 전 세상을 떠났다. 회고록에서 그는 다음과 같이 말한다.

> 이것은 '도로 위의 범프'일 뿐이야. 지금 가는 길을 계속 갈 수 있어.

폴은 말기 암을 도로의 둔덕이라고 부르고는 그 정도 어려움 때문에 인생 여정을 포기하지는 않겠다고 말했다. 하늘이 무너진 듯한 상황에서 그가 보여준 용기는 인생의 고귀함, 매 순간의 중요성을 일깨워준다. 팔다리 힘이 빠지고 주저앉을 것 같은 상황에서도 그는 계속 걸을 수 있고, 목적지에 도달할 수 있다고 믿었다. 그렇게 희망을 잃지 않고 긍정적 태도로 자신의 문제에 부딪혔기 때문에 마지막 순간까지 충만한 인생을 살 수 있었다.

'도로 위의 범프'는 엘 라이트Elle Wright가 2021년에 출간한 회고록의 제목이기도 하다. 엘은 2016년에 첫아이인 아들을 낳았지만 3일 만에 잃고 만다. 그 후 남편과 다시 아기를 갖기로 하고 임신을 시도해보았으나 뜻대로 되지 않았다. 이런 상황을 2차 불임이라고 한다. 라이트 부부는 3년 반 동안 불임을 극복하기 위하여 수많은 검사와 치료를 받았다. 3번의 체외수정을 해봤지만 번번이 임신한 아기를 잃는 슬픔을 겪는다. 끝없는 약물치료, 검사, 희망과 좌절, 눈물이 반복되는 과정이었다. 그 과정에서 엘은 불임 부부들이 겪는 정신적 고통을 몸소 경험하며 느낀 것을 책으로 출간했다. 라이트 부부는 절망적인 상황에서도 희망과 의지를 포기하지 않았다. 엘은 회고록에서 자신의 상황을 여러 번 '도로 위의 범프'로 묘사한다. 자신이 직면한 도전은 한번 넘어가면 끝나는 것이라고 생각하고 좌절하지 않았다.

> '도로 위 범프'에 직면했지만 우리는 그것을 넘어갈 결심이 서 있었다.
> 난 이것이 '도로 위 범프'일 뿐이며, 반드시 이겨낼 것이라고 생각했다.

말기 암 선고를 받을 때나 불임 치료가 불가능해 보일 때처럼 절망적인 상황에서 사람들은 각기 다르게 반응한다. '이제 끝이다. 모든 것이 끝났다'라고 자포자기할 수 있다. 또는 '이건 단지 도로의 범프일 뿐이야. 지나가면 그만인 일시적 문제야'라며 긍정적으로 접근할 수 있다. 같은 문제 상황이지만 어떤 태도로 접근하느냐에 따라 넘지 못할 태산 같기도 하고, 충분히 넘을 수 있는 동산 같아 보이기도 한다.

미국의 성형외과 전문의이자 작가 맥스웰 몰츠Maxell Malts는 전 세계적으로 3천1백만 부가 팔린 《사이코-사이버네틱스Psycho-Cybernetics》를 썼다. 맥스웰은 자아상이 인간의 행동과 결과를 결정한다고 보았다. 그에 따르면 같은 돌도 어떻게 보느냐에 따라 전혀 다른 용도의 물건이 된다.

장애물과 디딤돌의 차이는 어떻게 사용하느냐에 달려 있다.

인생은 범프의 연속이다. 모든 일이 잘돼가는 듯할 때 느닷없이 '쿵' 하고 도로에 둔덕이 나타난다. 사업, 건강, 인간관계 등 모든 면에서 범프에 부딪히기 마련이다. 그럴 때 부정적으로 사고하는 사람은 넘지 못할 벽에 부딪혔다고 생각한다. 반대로 긍정적으로 사고하는 사람은 조금 흔들리더라도 넘어가면 그만인 범프로 본다. 결국 마음먹기 나름이다. 지금 힘들고 어려운 상황에 처했다면 현실을 냉철하게 직시하되 긍정적으로 생각하자. 그리고 자신에게 이렇게 말해보자. "이건 도로의 범프일 뿐이야."

험지를 만나도
집중하여 한 발씩 나아간다

장거리 하이킹을 할 때는 다양한 지형의 땅을 걷게 된다. 걷기 쉬운 평평한 땅도 있고 울퉁불퉁한 땅도 있다. 영어에서는 돌, 바위, 나무 뿌리 같은 장애물 때문에 걷기 힘든 험지를 '러프 패치rough patch'라고 한다. '러프 패치를 만나다hit a rough patch' 또는 '러프 패치를 통과하다go through a rough patch'는 어려운 시기 또는 역경을 겪는다는 의미다. 인생 길에서도 러프 패치를 지날 때가 있다. 그중 으뜸이 되는 문제는 인간관계다. 다음은 경제적 어려움, 건강 문제, 직업 문제, 고독, 우울증 등의 정신적 문제, 사랑하는 사람과의 사별, 술이나 마약 중독 등이다.

인간관계에서는 주로 가족이나 결혼 생활의 갈등이 거론된다. 지미 코너스Jimmy Connors는 역사상 가장 위대한 테니스 선수로 추앙받는 전설적 인물이다. 현역 시절 공격적이고 화끈한 플레이 덕분에 수많은 팬을 몰고 다녔다. 지미는 8번의 그랜드 슬램 싱글 타이틀을 따내는 등 무수한 기록을 남겼다. 장수한 선수로도 독보적이다. 40세가 넘도록 코트에서 뛰었으며, 39세 때는 자기 나이의 절반 정도인 어린 선수들과 경쟁해서 4강까지 오르는 위업을 달성했다. 잡지 〈플레이보이〉의 모델 패티 맥과이어Patti McGuire와 결혼해서 센세이션을 일으키기도 했다. 2013년에 출간한 자서전 《이방인The Outsider》에서 그는 총천연색 인생사를 솔직히 고백한다. 그중 상당 부분이 어머니와의 갈등, 여성 테니스 스타 크리스 에버트Chris Evert와의 동화 같은 사랑 이야기, 우여곡절 많은 결혼 생활 등 인간관계에 관한 내용이다. 결혼 생활에서 가장 큰 문제는 어머니와의 갈등이었다.

> 33년이 지난 지금도 우리 부부 관계는 돈독하다. 물론 '러프 패치'가 없었던 것은 아니다. 주로 내 어리석음 때문에 일어난 일이었다. 그런데 어머니 때문에 더 힘들기도 했다.

지미가 처음 패티와 데이트할 때는 별말이 없던 어머니는 둘의 관계가 진지한 국면으로 접어들자 돌변했다. 어머니는 패티가 아들을 빼앗아 가려 한다고 생각했다. 아들의 인생에서 다른 여자가 더 큰 비중을 차지하는 상황을 받아들이지 못했다. 겉으로는 아들을 보호하기 위해서라고 둘러댔지만 사실은 며느리가 될지 모르는 여자에 대한 질투심 때문이었다. 지미가 결혼한 후에도 어머니는 패티를 멀리했다. 가정적인 여성이었던 패티는 시모와 화목한 관계를 맺고 싶어

했지만 그러지 못하자 힘들어했다. 지미 부부가 첫아들을 낳고 로스앤젤레스에서 플로리다로 이사한 이후 어머니는 한 번도 아들 가족을 방문하지 않았다. 몇 년이 지나 지미 가족이 캘리포니아로 다시 이사 왔을 때도 어머니는 며느리와 연락과 왕래를 끊고 살았다. 지미 어머니의 이야기는 우리 주변에서도 흔히 접할 수 있는 고부 갈등이다. 중요한 것은 시모가 며느리를 괄시할 때 보통 부부 관계의 문제로 이어지는 경우가 많은데 지미와 패티는 잘 극복했다는 점이다. 지미에 따르면 특별한 비결은 없었다. 부부마다 다르겠지만 자신들의 경우에는 서로에 대한 사랑이 고부 갈등이란 러프 패치를 통과하는 힘이 되었다고 한다.

인생의 하이킹에서는 외로움도 큰 러프 패치다. 토니 셰이Tony Hsieh는 미국의 유명 온라인 신발 및 의류 판매 업체 재포스Zappos의 CEO를 지낸 기업인이다. 그는 직원, 고객, 판매자에게 행복을 전달하는 재포스 특유의 서비스 문화를 만들어낸 것으로 유명하다.《행복을 전달합니다Delivering Happiness》란 회고록에서 그는 재포스에 막 입사했을 때 외롭게 홀로 지낸 크리스마스를 회고한다. 당시 가족과 떨어져 지내던 그는 차도 없고 돈도 없어 크리스마스에도 딱히 갈 곳이 없는 외톨이 신세였다. 그는 혼자서라도 크리스마스 기분을 내려고 근처 상점에서 하루에 하나씩 작은 크리스마스 용품을 샀다. 크리스마스 특식을 만들기 위해 참마 두 개를 사 온 그는 찬장을 뒤져 마시멜로가 섞인 코코아 가루를 찾아냈다. 거기서 마시멜로 조각만 골라내 참마에 넣고 포일로 감싸서 구워 먹었다. 맛대가리 없는 음식이었지만 조니는 그 순간 매우 행복했다고 한다.

전에는 크리스마스 시기에 풍성한 음식이 차려진 식탁에서 가족과 즐거운 시간을 보냈다. 혼자 지내던 그 시절에는 기분이 너무 비참해서 침대에 누워 울다 잠들 때도 있었다. 하지만 '더 적은 것을 갖고 더 많은 것을 하라'라는 신념 덕분에 인생의 '러프 패치'를 이겨내고 사생활이나 직장 생활에서 창의적으로 생각할 수 있었던 것 같다.

토니의 이야기는 인생길에서 러프 패치에 도달했을 때 신념이나 좌우명을 실천함으로써 어려움을 극복할 수 있음을 보여준다.

큰 병마와 싸울 때도 우리는 러프 패치를 지난다. 미국 스포츠 케이블 채널 ESPN의 대표 앵커로 명성을 누린 스튜어트 스콧Stuart Scott은 2007년에 희귀암인 충수암 진단을 받았다.

2007년 암 진단을 받았을 때 일도 못 하고 집에만 앉아 있는 암 환자가 되고 싶지 않았다. 허약하다고 일하지 않으면 인생을 살기에 허약하다는 것을 인정하는 꼴이 된다.

스튜어트는 2015년 숨지기 얼마 전에 《매일 나는 싸운다Every Day I Fight》란 회고록을 출간했다. 회고록에서 그는 어린 시절, 가족, 운동선수 경력, ESPN에서의 성공 등의 인생사를 털어놓는다. 그리고 병마와 싸우는 동안에도 최선의 인생을 살려고 노력한 경험을 이야기한다. 여러 차례의 수술, 항암 치료, 집과 병원과 직장 사이를 오가는 투병 기간 동안 체력과 파이팅 정신을 키우기 위하여 운동을 꾸준히 했다. 암 환우들을 위한 복지 증진 운동에도 심혈을 기울였다. 스튜어트는 투병하는 동안 힘들었던 일 중 하나로 사람들이 다가와서 건강에 대하여 물어보는 것을 꼽았다. 직장에서도 그랬고, 헬스장에서 처음 보는 사람들도 건강을 물어보곤 했다. 걱정해주는 마음은 고마웠지만 그때마다 자신의 상태를 설명해야 하는 것이 곤혹스러웠다. 그래서 어느 순간부터 헬스장에 가지 않고 집에서 운동했다. 좀 더 격렬한 운동을 하고 싶을 때는 집 근처 격투기 도장을 찾았다. 마우스피스를 물고 헤드기어와 눈 보호 안경을 끼고 매트에 올라 주짓수와 무에타이 기술로 상대와 격투 경기를 했다. 펀치를 휘두르고 펀치를 맞기도 했고, 상대방을 매트에 눕히기도 하고 자신이 매트에 떨어져 나가기도 했다. 그러면서 자신이 암과 격투를 벌이고 있다고 생각했다. 그 과정을 통해 마음을 다스리는 법을 익혔다.

> 격투기 훈련의 목적은 배운 것을 반복하며 마음을 다스리는 것이다. 자신이 견뎌낼 수 있는 매를 배우고, 상대에게도 매를 주는 법을 배운다. 경기가 마음대로 안 되어 얻어맞고 아플 때 가장 침착해야 한다. 그때 '러프 패치'도 언젠가는 끝난다는 것을 배운다. 암에 걸렸을 때는 이 모든 것이 영혼을 치료하는 최고의 약이다.

암에게 펀치를 맞기도 하고 펀치를 날리기도 하고, 매트에서 마지막 에너지까지 쏟는 것. 그것이 스튜어트가 암과 싸운 방법이었다.

우리는 인생길에서 다양한 러프 패치에 부딪힌다. 크든 작든 항상 문제가 발생하고, 상황도 각각이다. 그래서 러프 패치를 성공적으로 통과하는 단일 처방은 없다. 중요한 건 힘들다고 걷는 것을 포기하지 않는 것이다. 지미 코너스처럼 주위 사람들을 더욱 사랑하고, 토니 셰이처럼 신념을 더욱 강하게 붙잡고, 스튜어드 스콧이 암과의 격투기 경기에 모든 힘을 쏟아부었듯이 지금 이 순간에 집중하여 한 발 한 발 앞으로 나아가자.

오르막길에서도
행복할 수 있다

사우스패스South Path가 가까워지면서 긴 '오르막길'이 나타났다. 걷는 속도가 느려지고 피곤이 몰려왔다. 의욕에 찼던 젊은 사람들의 기세가 수그러들기 시작했다. [⋯] 많은 가족이 운명적인 질문을 의식하고 있었다. 캘리포니아로 갈 것인가 오리건으로 갈 것인가.

미국 서부 개척 시대에 도너 파티Donner Party라는 개척자 집단이 새 땅과 부를 찾아 대륙을 가로질러 서부로 향하는 대장정을 그린 실화 소설《무심한 하늘의 별들The Indifferent Stars Above》의 일부다. 1846년, 세라 그레이브스Sarah Graves란 21살 여성이 다른 개척자들과 함께 마차를 타고 동부 일리노이를 떠나 서부 캘리포니아로 향했다. 6개월 후 일행은 캘리포니아 서쪽의 시에라네바다산맥에 도달한다. 때는 늦가을, 첫 폭설이 내렸다. 더 많은 눈이 내려 산길이 막히기 전에 산맥을 넘어야 한다. 아니면 봄이 오기를 기다려야 한다. 세라를 비롯한 일부 개척자들은 봄을 기다리는 대신 설상화(雪上靴)를 신고 눈 덮인 길을 걸어서 넘기로 한다. 그러나 끝없는 오르막길이 이어지면서 진척이 느리고 금세 피곤이 몰려온다. 자신들의 결정이 무모했나 하는 의구심이 고개를 든다. 계속 오르막길을 오르는 강행군을 할 것인가, 아니면 산을 우회해서 북쪽 오리건주로 갈 것인가? 이 역사적 대장정에서 도너 파티 일행 중 절반만이 살아남아 캘리포니아에 도달한다.

오르막을 영어로는 '업힐uphill'이라고 한다. 우리말의 오르막처럼 영어에서도 업힐은 '어렵고 힘든 일이나 과정'을 비유한다. '오르막 전투uphill battle', '오르막 고투uphill struggle', '오르막 도전uphill challenge' 같은 명사구가 대표적이다.

기업가나 기업의 '업힐'은 사업이 안 풀리고 고전하는 시기를 의미한다. 데릭 시버스Derek Sivers는 독립 음악인들의 노래를 파는 세계에서 가장 큰 인터넷 마켓 'CD 베이비CD Baby'를 만들어 대성공한 음악인이자 기업가다. 1998년 그는 자신의 음악을 인터넷에서 팔기 위하여 CD 베이비를 만들었다. CD 베이비는 단기간에 15만 명 이상의 음악인을 회원으로 두고 수억 달러의 매출을 기록하면서 독립 음악 산업의 거점으로 도약했다. 2008년 데릭은 2천2백만 달러를 받고 디스크 메이커스Disc Makers사에 CD 베이비를 매각했다. 사실 그는 크게 성공하기까지 많은 시행착오와 실패를 겪었다. 2016년 출간한 《당신이 원하

는 것은 무엇이든 Anything You Want》이란 회고록에서 그는 다음과 같이
말한다.

> [CD 베이비에서] 내 인생 처음으로 사람들이 정말 원하는
> 것을 만들었다. 하지만 그전까지 여러 프로젝트를 시작하
> 고 홍보하며 12년을 보냈다. 인맥 쌓기 networking, 투자자 찾아
> 가 설득하기 pitching, 불특정 다수 고객에게 광고하기 pushing 등
> 다양한 마케팅 기법을 써봤다. 그러나 항상 자물쇠가 잠겨
> 있거나 면전에서 '쾅' 하고 닫히는 문을 열려고 애쓰는 '오
> 르막길 전투'였다.

수많은 오르막길 전투 끝에 CD 베이비를 세워 성공에 이르는 과정
에서 데릭이 배운 비결은 단순했다. 고객들로부터 큰 반응이 나올 때
까지 끊임없이 개선하고 새로운 것을 만들어 시장 반응을 체크하는
것이다. 사업에서 끈기 persistence가 중요하다는 말의 의미를 오해하는
사람이 많다. 안 될 것을 고집스럽게 하는 끈기는 필요 없다. 지속적으
로 개선하고 새로운 것을 만들어 세상에 제시하는 끈기만이 성공을
가져다준다. 고객 반응이 시원치 않을 것을 붙들고 광고하며 판매처
를 뚫으려 해봐야 헛수고일 뿐이다. 고객이 '와, 이것 대단하다', '난 이
것이 필요해', '기꺼이 가격을 지불할 용의가 있어'와 같이 반응하면 성
공 가능성이 있는 사업 아이템이다. 고객 반응이 그 이하라면 더 이상
붙잡고 애쓰지 말라고 데릭은 조언한다. 자물쇠로 잠긴 문을 열려고

오르막길 전투를 하며 여러 해 동안 시간을 낭비하지 말라는 말이다.

세계적 반도체 기업 인텔의 CEO였던 앤드루 그로브Andrew Grove는 1999년에 《편집증 환자만이 살아남는다Only the Paranoid Survive》란 회고록을 썼다. 이 책에서 앤드루는 시장이나 산업이 크게 변화하는 시점을 일컫는 '전략적 변곡점strategic inflection point' 개념을 제시했다. 특히 '수평적 산업'에 참여하는 기업이 성공할 수 있는 3가지 법칙도 제시했다. 수평적 산업이란 여러 분야의 고객에게 물품이나 서비스를 제공하는 것이다. 대표적인 예가 사무용품 산업과 식료품 산업이다. 이 산업은 특정 시장의 고객을 상대하는 '수직적 산업'과 달리 다양한 시장의 불특정 다수 고객을 상대한다. 사무용품이나 식료품은 산업 분야와 상관없이 어느 곳이나 수요가 존재하기 때문이다. 앤드루가 제시한 3가지 법칙은 다음과 같다. 첫째, 고객에게 이점을 제공하지 못하는 차별화는 하지 말라. 둘째, 신기술이 등장하거나 근본적 변화가 발생했을 때 생기는 기회를 잡으라. 셋째, 시장이 감내할 수 있는 수준에서 대량 판매를 전제로 가격을 설정하고 그 가격에서 이윤을 낼 수 있도록 비용을 최대한 효율화하라.

> 이 법칙을 따르는 기업은 경쟁하고 번성할 기회를 얻는다. 반대로 무시하는 기업은 아무리 제품이 좋고 경영 계획을 잘 실천해도 '오르막길'을 힘겹게 걷게 된다.

앤드루에 따르면 어느 시장이나 산업이든 특정 시점에 성공할 수 있는 방식이 있다. 그 방식을 제대로 이해하지 못하고 쓸데없는 곳에 에너지와 자원을 낭비하는 기업은 고전한다.

기업 문화가 다른 두 기업이 합작 사업을 하거나 합병하는 경우 통합 작업이 오르막길인 때가 많다. 1994년 펩시와 스타벅스는 '북미 커피 합작사 North America Coffee Partnership'를 설립한다고 발표했다. 아이스커피를 포함한 커피 제품을 병이나 캔에 담아 펩시 공급망을 통해 대량 판매하는 사업이었다. 그런데 두 기업은 문화가 너무 달라서 같이 일하는 데 애를 먹었다.

> 양사의 협력 관계는 초반부터 '오르막길'이었다. 기업 문화가 부딪히면서 양사 직원들이 동요했다.

40년간 스타벅스에서 CEO로 재직하며 세계 최대 커피 체인으로 키운 하워드 슐츠는《스타벅스, 커피 한 잔에 담긴 성공신화》에서 두 기업이 기업 문화 충돌을 어떻게 극복했는지를 이야기한다. 사실 두 기업의 충돌은 예견된 일이었다. 스타벅스는 펩시의 유통망을 활용하려 했고 펩시는 스타벅스의 고급스러운 이미지를 빌려 오고 싶었다. 동상이몽이었다. 펩시는 한 번에 하나의 거대 사업 프로젝트를 추진하는 경향이 있는 반면 스타벅스는 다양한 소규모 프로젝트를 동시에 추진했다. 기업 문화의 차이점을 인식한 두 기업은 상대 기업 문화를 누르려 하는 대신 서로의 장점을 살려 상호 보완 관계를 구축하는 데 합의했다. 부정적인 면보다 긍정적 가치에 시선을 두고 윈-윈 전략을 추구하여 오르막길의 고전을 극복했다.

사업뿐만이 아니다. 우리는 경제, 정치, 인간관계 등에서도 종종 오르막길에 도달한다. 인생길 자체가 오르막과 내리막의 연속이다. 오르막길에서 선택할 수 있는 것은 3가지다. 계속 올라가기, 올라가는 것을 포기하기, 좀 더 순탄한 우회로를 찾기. 때로는 오르막길을 버리고 좀 더 순탄한 우회로를 찾는 것이 좋은 해결책이다. 그러나 끝까지 오르는 것만이 유일한 대안일 때도 있다. 도너 파티 개척자들이 약속의 땅 캘리포니아에 도달하기 위해선 산을 넘는 것 외에 대안이 없었다. 오르막길을 올라야 한다면 그 길이 되도록 즐거운 여행 구간이 되게 만들어야 한다. 인간의 심리는 묘하다. 어떻게 마음먹느냐에 따라, 어떤 각도에서 보느냐에 따라 같은 경험이 고통이 될 수도 있고 즐거움이 될 수 있다. 행복을 연구한 저명 심리학자 에드 디너Ed Diener는 이렇게 말한다.

산을 오르는 목적이 정상에 도달하는 것이 아니라면 무엇 때문에 가쁜 숨을 내쉬며 오르는 걸까? 가는 길에 즐겁고 보상이 되는 순간이 많기 때문이다. 집에서 준비 훈련을 하는 시간부터 산을 오르며 느끼는 보행의 '흐름', 멋진 자연 경관, 산 정상에서 친구들과 나누는 '승리의 맥주'에 이르는 과정 전체가 정서적으로 큰 보상이 된다.

인생길에서 오르막길을 피하면 좋겠지만 피치 못해 꼭 가야 한다면 거기서 즐거울 수 있는 요소를 찾아보자. 에드는 이렇게 말한다. "성공이란 정상을 정복하는 것이 아니라 거기에 이르는 길을 즐거운 여행으로 만드는 것이다." 인생이 오르막길일 때도 행복할 수 있다는 말이다.

내리막길에서
벗어나는 법

오르막이 있으면 내리막이 있기 마련이다. 일반적으로 내리막길이 오르막길보다 수월하다고 생각하지만 등산 전문가들은 꼭 그렇지도 않다고 말한다. 오르막길에선 자신의 체중을 끌고 올라가느라 힘들지만 앞에 발 디딜 곳을 잘 볼 수 있기 때문에 보행 자세가 안정적이다. 내리막에서는 발 디딜 곳이 제대로 보이지 않아 헛딛기 쉽다. 게다가 내려가는 방향으로 체중이 쏠리면서 발을 잘못 디뎌 균형을 잃고 넘어지기 쉽다. 내리막에서는 체중의 4배에 이르는 압력이 발목과 무릎에 가해진다. 평지를 걸을 때보다 8배나 높은 압력이다. 그래서 산을 내려오는 것이 더 힘들고 피곤하다고 말하는 사람이 많다.

　인생을 등산이라고 본다면 '내리막길'의 의미는 부정적이다. 산 정상은 인생의 전성기고, 정상을 향해 오르는 길은 성장기, 정상에서 내려오는 길은 쇠퇴기다. 대부분의 언어 문화권에서 위로 향하는 방향인 '업up'은 성장, 성공, 행복, 풍요를 상징하고, 아래로 향하는 방향인 '다운down'은 하락, 실패, 불행, 빈곤을 의미한다. 영어에서도 내리막을 가리키는 '다운힐downhill'은 악화, 쇠퇴라는 의미를 띤다. 그래서 건강이 나빠지고, 경제가 활기를 잃고, 팀의 경기력이 하락하고, 인간관계가 악화되고, 사업이 동력을 잃고, 사기가 처지고, 동네가 슬럼화되고, 매출이 줄어 상황이 안 좋아질 때 '내리막길을 가다go downhill'라고 표현한다.

　내리막과 관련하여 가장 많이 사용되는 맥락은 건강이다. 덱스터 스콧 킹Dexter Scott King은 미국의 유명 흑인 인권 운동가이자 침례교 목사였던 마틴 루서 킹의 둘째 아들이다. 마틴 루서 킹이 총에 맞아 사망했을 때 덱스터는 7살이었다. 덱스터는 어린 시절부터 킹의 아들이라는 사회적 관심 속에서 아버지의 정신적 유산에 걸맞은 자식이 되어야 한다는 심리적 압박을 안고 살았다. 그는 《킹이란 이름으로 성장하기Growing Up King》란 회고록에서 어린 시절, 아버지의 흑인 인권 운동, 아버지의 총격 피살과 가족의 충격, 비극을 극복하기 위해 가족이 기울인 노력 등을 솔직하게 털어놓는다. 그는 어릴 때부터 허약 체질이었다. 모유를 한 번도 먹지 못했고 분유만 먹고 자랐다. 그래서 이가 약하고, 충치가 쉽게 생기고, 항상 단것을 찾았다. 면역력이 약해서 잔병치레를 자주 했고, 정신이 멍한 상태로 시간을 보내는 경우가 많았다. 건강 문제를 해결하기 위하여 덱스터는 채식을 시작했다.

자연적이지 않은 음식을 더 잘 받아들이는 사람들이 있다. 그런데 내 몸은 자연식을 갈망했다. 내가 채식을 한 이유는 어떤 주의를 주장하기 위해서가 아니었다. 생존을 위한 행동이었다. 내 건강이 빠르게 '내리막길'을 걷고 있었기 때문이다. 채식주의자가 되지 않았다면 지금까지 살지 못했을 수도 있다.

사랑하는 사람이 갑자기 세상을 떠나서 충격과 슬픔을 감당하지 못하고 내리막길을 걷는 경우도 있다. 듀안 올맨Duane Allman과 그레그 올맨Gregg Allman 형제가 주축이 된 '올맨 브라더스 밴드'는 1970년대에 전성기를 누린 미국 록 밴드다. 올맨 브라더스 밴드는 1971년 듀안이 오토바이 사고로 사망하면서 큰 고비를 맞았다. 듀안의 죽음은 모든 멤버에게 충격적인 사건이었지만 특히 그와 친했던 베리 오클리Berry Oakley는 큰 실의에 빠졌다. 베리는 슬픔을 잊기 위해 술에 의지했다. 한 번 술을 마시면 맥주에서 양주로 옮겨 가며 취하고 인사불성이 되곤 했다. 그레그 올맨은 회고록《내가 질 십자가My Cross to Bear》에서 이 과정을 '다운힐'로 표현했다.

듀안이 세상을 떠난 후 베리는 매일 아침을 한 박스의 맥주로 시작했다. 일단 시작하면 줄곧 '내리막길'이었다. 처음에는 맥주를 마시다 잭 다이엘 위스키로 넘어갔고, 위스키 병을 반쯤 비우면 다리가 풀려 무릎을 꿇고 쓰러졌다. 술이 센 사람은 아니었다. 동료의 죽음을 달리 애도하는 방법을 몰랐을 뿐이다.

베이스기타 연주자였던 베리의 알코올 문제가 더 심각해지자 밴드는 대타 연주자를 구해야 했다. 베리는 듀안이 사고로 사망한 지 1년 후 오토바이 사고로 죽고 만다. 멤버들의 연이은 죽음으로 올맨 브라더스 밴드는 큰 타격을 입었다. 그러나 팀을 재건해서 음악 활동을 이어가다 2014년 10월 뉴욕 비컨극장에서 한 공연을 마지막으로 해체했다.

인생길에서 내리막은 필연이다. 중요한 것은 인생이 내리막에 있다고 느낄 때 어떻게 대응하느냐다. 사실 대응 방법은 거의 모두가 알고 있다. 건강이 내리막길이면 운동이나 다이어트로 체중을 조절하고, 건강식을 먹고, 금연과 금주를 해야 한다. 인간관계가 내리막길이면 갈등 요인을 제거하면 된다. 사업이 실패하거나 실연당하거나 가족이 사망해서 실의에 빠져 있다면 다시 삶의 의욕을 낼 수 있는 동기를 찾으면 된다. 문제는 의지다. 덱스터 킹처럼 문제 해결 방법을 찾아 내리막길에서 벗어나는 사람이 있는 반면, 베리 오클리처럼 실의에 빠져 끝까지 내리막길을 가는 사람도 있다.

에바 델 보스크Eva Del Bosque는 《프로작 이후의 삶Life after Prozac》이란 회고록에서 자신이 실의에 빠졌을 때의 경험을 이야기한다. 에바는 한때 심란하고 무기력한 느낌에 시달렸다. 인생과 자신의 문제에서 도피하고 싶은 충동이 일었다. 그래서 짧은 휴가를 가듯이 정신병원에 입원해 요양해볼까 생각했다. 하지만 일주일 후에 퇴원해도 문제는 그대로 있을 것이었고, 공연히 정신병원에 입원했다는 불명예 딱지만 붙을 수도 있었다.

> 나는 미친 것이 아니었다. 단지 눈앞의 문제가 두려웠을 뿐이다. 삶의 문제에 대처하는 법을 몰랐던 것이다. 어떻게 하면 행복할 수 있는지, 인생의 일시적 실패를 어떻게 받아들일지, 어떻게 재기할지, 어떻게 마음의 평온을 찾을 수 있을지를 몰랐다. [그때는 이렇게 해보라.] 자신이 무엇을 원하는지 생각해보라. 천천히 체계적으로 한 발 한 발 그쪽으로 나아가라.

결국 의지를 발휘해야 한다는 의미다. 자신에게 가장 간절한 것을 목표로 정하고 차근차근 한 발씩 전진하라는 말이다. 의지의 첫걸음은 시도다. 인생의 어떤 부분이 내리막길에 있다고 느낄 때 되돌리고 싶다면 멍하니 앉아 있지 말고 일어나서 무엇이든 시도해보자.

같은 곳을 맴돌아도
좌절하지 말 것

나는 햇볕을 등에 지고 북쪽으로 향했다. 그런데 하늘이 구름으로 덮이기 시작했다. 산과 언덕이 낯익어 보였다. 내가 이 길을 지나왔던가? 이 길로? 잠시 구름 사이로 햇빛이 비쳤다. 해는 내 오른편에 있었다. 아니 이런! 나는 '같은 자리를 맴돌고' 있었다. 길을 잃어버렸다. 이럴 수가!

캐나다 퀘벡대학교에서 야외 탐험 프로그램을 가르치는 앙드레 프랑수아 부르보André-François Bourbeau의 《야생의 비밀을 벗기다Wilderness Secrets Revealed》의 한 대목이다. 어느 날 부르보는 산간 지역을 하이킹하다 잠시 쉬면서 야생 블루베리를 따 먹었다. 에너지를 재충전한 그는 힘이 나는 김에 전에 가보지 않은 지역으로 들어갔다. 산 정상에 오른 그는 멋진 파노라마 풍경을 감상하고 하산하려 했다. 산 반대편으로 내려와서 왼쪽으로 돌아 원래 지점으로 갈 생각이었다. 그런데 아무리 걸어도 처음에 출발했던 저수지가 나오지 않았다. 알고 보니 같은 지역을 맴돌고 있었기 때문이다. 영어에선 같은 지역을 맴도는 것을 '원 안에서 뱅뱅 돌다go around in circles'라고 한다.

인생길에서도 같은 지역을 맴돈다고 느낄 때가 있다. 대화에서 같은 이야기가 반복될 때, 아무리 노력해도 사업이 진척되지 않을 때, 갈등과 불신으로 인간관계가 나아지지 않을 때 그렇게 느낀다. 할리우드 고전 영화 〈메리 포핀스〉(1965)와 〈사운드 오브 뮤직〉(1965)의 주연을 맡아 잘 알려진 영화배우이자 가수 줄리 앤드루스Julie Andrews는 1935년 영국에서 태어났다. 피아니스트 어머니와 가수이자 발성 훈련가 의붓아버지 덕분에 줄리는 어릴 때부터 음악과 공연에 노출되었다. 부모의 순회공연을 따라다니던 그는 자연스럽게 무대에 서며 뮤지컬과 팬터마임 공연에 출연했다. 그렇지만 의붓아버지는 술독에 빠져 공연을 망치거나 무산시키기 일쑤였고, 피아니스트인 어머니도 사람들로부터 큰 관심을 받지 못했다. 그 결과 줄리 가족은 경제적 어려움을 겪었다. 나중에는 줄리가 지방 공연을 다니며 어린 이복형제들을 비롯한 가족의 생계를 책임져야 했다. 학교 교육도 제대로 받지 못했다. 나중에 미국 브로드웨이에 진출해 각광받기 전까지 줄리는 이처럼 어려운 시절을 보냈다. 《가정 일Home Work》이란 회고록에서 그는 당시 같은 자리를 맴돌고 있는 듯한 좌절감을 느꼈다고 고백한다.

17살 때 나는 끊임없이 지방을 다니며 밤마다 노래를 불렀다. 제대로 된 교육도 받지 못했고 특별히 내세울 기술도 없었다. 경제적으로 가족을 부양하고 있었지만 나는 '한자리를 맴도는' 듯했다. 당시 습득한 공연 기술과 생활고를 이겨내는 능력이 나중에 매우 중요한 자산이 될 것이라는 생각은 하지 못했다.

한자리를 맴도는 것처럼 힘들었던 시절이 알고 보니 미래의 도약을 위한 단련의 시기였다.

로버트 새폴스키Robert M. Sapolsky는 스탠퍼드대학교의 생물학 및 신경학 교수다. 그는 어릴 때부터 영장류에 관심이 많았다. 뉴욕 자연사 박물관의 영장류 전시관을 수시로 드나들었고, 아프리카에 가서 영장류를 관찰하겠다는 꿈 때문에 아프리카의 스와힐리어까지 독학했다. 그러고는 21세에 대학을 졸업하자마자 케냐로 떠났다. 그 후 20년간 세렝게티 초원의 비비원숭이 무리에 들어가 그들과 친해지며 관찰 연구를 했다. 로버트는 《한 영장류의 회고록A Primate's Memoir》에서 20년 동안의 아프리카 생활에서 겪은 도전적 상황들에 관하여 이야기한다. 한번은 많은 비비원숭이가 결핵에 걸렸다. 결핵이 대유행으로 번지기 전에 문제를 해결해야 했다. 그러나 해결책을 놓고 관료와 연구자들 사이에 의견이 분분했다. 유행병 확산을 막기 위해, 감염된 비비원숭이를 집단 도살할지 아니면 단순 격리하는 '방호벽' 전략을 쓸지를 놓고 논쟁이 벌어졌다. 뚜렷한 해결책 없이 논쟁만 계속되던 상황을 로버트는 '제자리에서 맴돌기'로 묘사했다.

> 우리는 '제자리에서 맴돌' 뿐 어떻게 해야 할지 몰랐다. 감염
> 된 원숭이들을 치료할 수는 없었다. 결핵을 치료하려면 18
> 개월 동안 매일 투약해야 했기 때문이다. 유일한 대안은 질
> 병 확산을 차단하는 것이었다. 결핵 발원지가 어디인지 알
> 수만 있다면 도움이 되는 상황이었다.

로버트는 감염 범위를 파악하기 위해 수많은 원숭이를 검사하고 한
편으로 감염 경로를 추적했다. 끈질긴 조사 끝에 원숭이들 사이에 퍼
진 결핵은 소들이 걸리는 결핵이란 사실을 밝혀냈다. 결국 도살 업자
가 결핵에 걸린 소를 도축해서 내장을 원숭이들에게 줬다는 사실도 밝
혀냈다. 로버트는 모두가 우왕좌왕하는 혼란 속에서 침착성을 잃지
않고 끝까지 감염 경로를 추적한 끝에 원인을 파악하고 해결 방향을
잡을 수 있었다.

S.C.W.는 어린 시절 친할아버지에게 성폭행을 당했다. 할아버지와
같이 마을을 돌며 사탕과 과자를 받으러 다니던 핼러윈 데이, 불빛이
어두운 마당에서 할아버지가 마수로 돌변했다. 끔찍한 경험의 트라
우마는 그가 성인이 된 후에도 괴롭혔다. 특히 매년 10월 31일만 되면
어린 시절의 기억이 핼러윈 망령들처럼 몰려왔다. 자신과 대화하면
항상 같은 질문이 돌아왔다. '하나님이 나를 사랑하신다면, 내가 정말
선한 사람이라면 내가 그 끔찍한 일을 당할 때 어디 있었나?' 정신과

의사는 S.C.W.가 점점 나아지고 있다고 했다. 그러나 S.C.W.는 《나의 여정My Journey》에서 자신은 그렇게 느끼지 않았다고 말한다.

> 확신이 전혀 없었다. 뭔가 진척되었다고 느끼기는 했다. 전보다는 심리 상태가 좋은 날이 많아진 것 같고, 나쁜 날에도 전처럼 그렇게 심하지는 않은 듯했다. 그럼에도 '뱅뱅 맴도는' 것 같은 좌절감을 느꼈다.

어느 날 S.C.W.는 같은 자리를 맴도는 느낌을 친구 가스Garth에게 털어놓았다. 가스는 자신이 수강한 수학 과목의 교수에 대해 이야기해줬다. 교수는 칠판에 수학 공식을 적고 학생들에게 풀게 했다. 학생들이 풀어보니 원형방정식이었는데, 방정식의 값이 풀 때마다 높아졌다. 교수가 말했다. "그래, 이것은 주차 건물car park 방정식이야." S.C.W.는 가스의 이야기를 듣고 무슨 뚱딴지같은 소리인가 생각했다. 가스는 이렇게 덧붙였다.

> 네가 돌고 있는 원이 그냥 원이 아닐 수 있단 말이지. 뱅뱅 돌아서 올라가는 주차 건물처럼 네가 매번 같은 위치로 돌아왔을 때 실은 한 단계 더 높은 곳에 올라왔을 수도 있다는 거야. 매번 새로운 깨달음을 얻으면서 말이지.

인생길에서 같은 자리를 맴돌고 있다고 느낀다고 해도 좌절할 필요가 없다. 같은 자리에서 맴돈다는 느낌이 실은 줄리 앤드루스의 이야기처럼 미래의 도약을 위한 단련일 수 있다. 로버트 새폴스키의 경우처럼 결국 해결책으로 이어지는 경로일 수도 있다. 또는 S.C.W.의 이야기처럼 맴돌고 있지만 실은 한 단계씩 발전하고 있을 수도 있다.

S.C.W.의 이야기에서 교수가 언급한 주차 건물은 나선형 구조다. 영어로는 '스파이럴spiral'이라고 한다. 반면 평면 위에서 계속 원을 그리며 도는 것은 '루프loop'라고 한다. 스위스 정신과 의사이자 심리분석가 카를 융Carl Jung은 내면세계로 여행하고 자아를 찾아가는 과정을 나선형에 비유하며 다음과 같이 말했다.

나선형을 만들면 항상 전에 있었던 같은 지점을 지나게 된다. 그렇지만 진짜 같은 지점은 아니다. 위이거나 아래이거나 안쪽이거나 바깥쪽이다. 나선형은 성장을 의미한다.

자신이 같은 자리를 맴돌고 있다고 느낄 때, 또다시 원점으로 돌아왔다고 느낄 때는 가만히 주위를 둘러보며 전과 다른 것이 있는지 살피자. 자세히 보면 아주 작고 사소하더라도 뭔가 차이를 발견할 수 있다. 그것이 바로 내가 '루프'가 아니라 '나선형' 궤도를 돌고 있다는 증거다.

인생 여정은
그 자체가 먼 길이다

나는 16세 때 세상을 보기 위해 길을 나섰다. 시드니에서 시작한 작은 발걸음이었다. 알고 보니 그 길은 '매우 멀었다.' 앞날이 창창한 나이였지만 시간은 유한해 보였다. 빨리 여행을 떠나지 않으면 다른 사람들처럼 일과 가정에 얽매인 생활에 갇힐 것 같았다. 20세가 되었을 때는 교원대학을 빨리 마치고 여행을 떠나고 싶은 생각뿐이었다. 그런데 출발하고 보니 여행은 수십 년 동안 계속되었고, 아직도 끝나지 않았다.

《먼 길The Long Road》의 지은이 캐시 고포스Cathy Williams Goforth는 오스트레일리아 시드니 근교에서 태어나 어린 시절을 보냈다. 성장하면서 교원대학을 졸업하고 교사가 되었지만, 한 지역에서 교사로 평생을 보낸다고 생각하니 답답했다. 캐시는 유한한 인생에서 세계를 돌아다니며 많은 것을 보고 경험하고 싶었다. 역시 교사였던 남편 브루스Bruce도 같은 생각이었다. 두 사람은 딸들을 데리고 짐바브웨, 에콰도르, 영국, 예멘, 자메이카 등 각국을 다니며 현지 학교나 국제학교 선생으로 일하고 다양한 문화를 경험했다. 막내딸이 대학에 진학해서 둘만 남았을 때는 요트를 구입해서 바다를 항해했다. 캐시의 인생은 여행 그 자체였다. 처음에는 멋모르고 떠난 길이 지금도 계속되는 '먼 길'이 되었다.

'먼 길a long road'은 흔히 '힘들고 오래 지속되는 상황이나 일'을 가리킨다. 인생 여정은 그 자체가 먼 길이다. 1966년 5월 30일, 12살이던 랜디 크룰리시Randy Krulish는 뜻하지 않은 사고를 당했다. 여름방학을 앞두고 바깥 기온이 수영할 수 있을 만큼 따뜻해진 시기였다. 농장 일을 끝낸 랜디는 형제, 사촌들과 함께 차를 타고 근처 호수 리조트로 향했다. 호수에는 중심을 향해 뻗은 몇 미터 길이의 작은 부두가 있었다. 부두 끝은 다이빙하기 안성맞춤이었다. 랜디는 부두 위를 내달려 공중으로 점프했다. 그런데 물속에 떨어진 후 갑자기 손발을 움직일 수 없었다. 가족에게 구조된 그는 급히 병원으로 이송되었다. 검사 결과에 따르면 C-3, C-4 경추가 부러져 사지 마비가 되었다. 의사들은 랜디가 그날 밤을 넘기지 못할 것이라고 했다. 응급실 규정상 부모는 랜디와 같이 있을 수 없었다. 부모는 교회로 달려가 밤새 울며 아들을 살려달라고 기도했다. 다음 날 랜디는 살아 있었다. 그다음 날에도. 의사들이 설명할 수 없는 기적 같은 상황이었다. 그렇게 해서 랜디는 길고 긴 재활 치료의 길을 걷기 시작했다. 2012년 발간한 《걷기: 사지 마비 이후 신앙과 발견의 여정Walk: My Journey of Faith and Discovery after Paralysis》에서 랜디는 그 과정을 먼 길로 표현했다.

> 10월 말이 되었을 때 나는 병원에 5개월째 입원 중이었다. 사고 직후에는 5개월은커녕 5일도 못 버틸 거라고 생각했다. 아직 치료의 '먼 길'이 남아 있지만 식욕이 돌아왔고 구토도 멈췄다.

비록 사지가 마비되었지만 재활 치료를 통해 조금씩 건강이 나아졌다. 허리를 일으켜 앉고 휠체어에 탈 수 있었다. 기관절개술을 하고 나서 숨도 편히 쉴 수 있었다. 목의 깁스도 제거했지만 목 근육이 약해서 오래 앉아 있을 수 없었다. 조금씩 앉아 있는 시간을 늘려가며 목을 받칠 수 있는 근육을 키웠다. 랜디는 오랜 재활 기간 동안 긍정적 태도를 잃지 않았다. 병원에 있을 때 나무 스틱을 입에 물고 컴퓨터 자판 치는 법도 익혔다. 퇴원 후에는 집 근처 학교에서 컴퓨터를 가르치는 자원봉사 교사로 일하기 시작했다. 랜디는 사고 후 46년이 지난 2012년에 출간한 책의 원고를 1년간 마우스 스틱으로 한 글자씩 눌러서 썼다. 그의 이야기는 긍정적 사고, 신앙, 끝없이 한계에 도전하는 노력이 일궈낸 인간 승리 이야기다.

미국 로큰롤의 여왕이자 전설인 티나 터너Tina Turner는 테네시주 넛

부시라는 작은 마을에서 성장했다. 티나는 부모의 불화, 11살 때 벌어진 아버지의 가출, 목화 농장에서 품삯 일을 해야 했을 정도의 가난, 인종차별, 절친했던 사촌의 자동차 사고 사망 등 감당하기 힘든 어린 시절을 겪었다. 어려움을 잊기 위해 그는 음악에 심취했다. 성인이 되어 세인트루이스의 리듬앤드블루스 무대에서 활동하다 로큰롤 개척자라고 불리는 아이크 터너Ike Turner를 만나 결혼했다. 이후 '아이크와 티나 터너 레뷰'라는 듀엣으로 '어 풀 인 러브A Fool in Love', '프라우드 메리Proud Mary' 같은 히트곡을 터뜨렸다. 그러나 아이크로부터 신체적·정신적·성적 학대를 당하다 자살까지 시도했다. 결국 1976년에 아이크와 결별하고 '프라이빗 댄서Private Dancer'라는 앨범을 내놓은 티나는 제2의 전성기를 누렸다. 그 후 음악 프로듀서 어윈 바크Erwin Bach를 만나 27년간의 교제 끝에 결혼에 골인했다. 말년에는 고혈압, 뇌졸중, 암, 신부전 등 여러 질병에 시달렸다. 2013년에는 남편 어윈으로부터 신장을 이식받기도 했다. 아이크와의 결혼 시절부터 믿어왔던 불교 신앙은 티나가 질병과 싸우는 데 큰 힘이 되었다. 2018년에는 그녀의 일생을 그린 〈티나 터너 뮤지컬Tina Turner Musical〉이 무대에 올랐다. 티나는 처음에는 이 작품에 부정적이었지만 남편의 설득과 수많은 팬의 격려 편지를 받고 생각을 바꿨다. 그러고는 뮤지컬 제작에 적극 참여했다. 투병 중이던 티나는 그 과정에서 새로운 삶의 동기와 목적을 발견했다. 뮤지컬이 처음 무대에 오른 날 객석에 앉아 있던 티나는 자신의 파란만장한 과거를 끌어안았다. 아픔과 기쁨, 사랑과 미움, 모든 것을. 공연이 끝난 후 티나 역을 맡은 에이드리엔 워런Adrienne Warren이 그를 무대 위로 안내했다. 티나는 2018년에 출간한 자서전 《나의 사랑 이야기My Love Story》에서 당시 순간을 회상한다.

> 마지막 말을 하기 전에 그날 저녁에 대해 생각했다. 넛부시에서 출발해 런던에 있는 그 극장에 이르기까지의 '먼 길'을 회상했다. 어린 애나 메이[티나의 본명] 시절부터 시작해서 여기까지 오는 길에서 겪은 모든 일을 떠올렸다. 그러곤 생각했다. 나는 축복받은 사람이다.

매디슨 비어Madison Beer는 13살 때부터 유명 가수의 노래를 불러서 유튜브에 올리기 시작했다. 그러다 1년 후 캐나다 아이돌 가수 저스틴 비버Justin Bieber에게 발탁되어 일약 스타로 발돋움했다. 매디슨은 하루아침에 평범한 중학교 1학년생에서 전용 비행기를 타고 로스앤젤레스, 뉴욕 등을 누비며 스타들과 공연하는 유명 연예인이 되었다. 14살 생일에는 런던의 대형 공연장인 O2 아레나의 관객 2만 명 앞에서 저스틴 비버가 생일 축하 노래를 불러주었다. 그러다 철없이 학교 다닐 때부터 알고 지낸 남자 친구와 스냅챗하면서 별생각 없이 보낸 누드 비디오가 유출되는 사건이 일어났다. 익명의 누군가로부터 비디오를 추가 유출하겠다는 협박 이메일도 받았다. 매디슨은 자살까지 생각할 정도의 정신적 충격을 받았다. 정상적인 무대 활동도 할 수 없었다. 결국 16살 무렵 가족처럼 생각하던 소속사 및 매니저와 결별했다. 그는 연예계 생활을 접고 고향으로 돌아오려 했다. 그러나 그대로 끝낼 수는 없었다. 아직도 응원해주는 탄탄한 팬층이 존재했고, 자신에게 음악적 재능이 있다고 믿었다. 그래서 의지가 강한 아티스트로서 홀로 서기로 마음먹었다. 대형 음반사, 매니저 등 팀의 지원을 받으며 일하다 소속사 없는 가수로 활동하는 것은 큰 도전이었다. 그러나 두려움, 자신감 결여를 극복하고 직접 곡을 쓰며 새로운 정체성을 지닌 가수로 재기하려 노력했다. 그 과정에서 자신의 노래에 대한 팬들의 긍정적 반응과 성원이 큰 힘이 되었다. 음악에 대한 열정과 자신감도 되찾았다. 2023년 4월에 출간한 《그것의 절반The Half of It》에서 매디슨은 그때 상황을 다음과 같이 말한다.

> 수년 동안 다른 사람들의 의사에 순종하다가 이제 내가 하고 싶은 것을 하고 있었다. 천천히 다른 사람들 의견에서 독립한 나의 사운드를 나 자신과 더불어 재발견하고 있었다. 아직 '먼 길'을 앞에 두고 있었지만 옳은 방향으로 발걸음을 내딛고 있었다. 밝게 느껴지는 방향이었다.

인생이라는 먼 길을 한참 걸어온 황혼 세대도 있고, 초입에 들어선 청년 세대도 있다. 어느 쪽이든 길고 험하다. 먼 길은 사자성어 천산만수(千山萬水)와도 유사하다. 인생은 '1천 개의 산과 1만 개의 내'를 넘고 건너는 여정이다. 많은 좌절과 실패가 기다리고 있다. 랜디 크룰리시, 티나 터너, 매디슨 비어의 이야기는 그 도전을 긍정적 사고, 불굴의 패기, 신앙의 힘으로 얼마든지 극복할 수 있음을 보여준다. 전설적 야구

선수 베이브 루스Babe Ruth는 "절대 포기하지 않는 사람에게는 이길 수 없다"라고 했다. 공자는 "인간의 위대한 영광은 절대 넘어지지 않는 것이 아니라 넘어졌을 때마다 일어나는 데 있다"라고 했다.

사지 마비로 휠체어에 의지하며 50년 가까이 살아온 랜디 크룰리시는 인생길을 걷는 의미에 대하여 다음과 같이 말한다.

> 왜 사지가 마비된 사람이 회고록 제목을 '걷기'라고 했을까? 육체적이든 정신적이든 영적이든 우리 모두는 인생을 걸어간다. 나는 사고를 겪은 후 걷는 것을 다시 배워야 했다. 팔다리를 쓸 수 있든 없든 우리는 인생 여정을 걷고 있다.

인생길에서 넘어지면 다시 일어나 걷자. 랜디 크룰리시처럼 몸이 자유롭지 못할 때도 정신적 팔다리를 힘차게 휘저으며 걷자. 그럼 티나 터너의 이야기처럼 자신이 걸어온 먼 길을 한 편의 뮤지컬을 보듯 회상하며 이렇게 말할 때가 올 것이다. "나는 축복받은 사람이다!"

Life
Lessons

**3
장**

인생의 지혜와 교훈을 얻다

앞장서는 삶이란
거창한 게 아니다

아침에 일어나 보니 눈이 약 25센티미터나 쌓여 있었다. 믿기지 않는 광경이었다. 스모키산맥의 봄이 이럴 것이라고는 상상하지 못했다. 갈 길은 아직 멀었고 트레일을 걷기가 힘들었다. 나무 밑동에 달라붙은 눈 때문에 흰색 길 표시가 보이지 않았다. 길이 미끄럽고 위험했다. 내가 '앞장서고' 휴그는 맨 뒤에서, 자니는 중간에서 따라왔다.

미국 애팔래치아 트레일을 개척한 사람들의 이야기를 담은《애팔래치아트레일 하이킹의 위대한 이야기들Great Stories of Hiking the Applalachian Trail》의 한 대목이다. 요즘은 코스 대부분이 잘 정리되고 지도도 상세하며 GPS 내비게이션도 있어서 홀로 하이킹하는 사람이 많지만, 초기에 이곳을 개척한 사람들은 만약의 사태에 대비하여 여러 명이 한 팀으로 움직였다. 이때는 보통 경험 많고 훈련이 가장 잘된 사람이 앞장선다. 이처럼 앞장서는 것을 영어로 '길을 앞장서다lead the way'라고 한다. 세상사에도 각각의 분야에서 길을 앞장서는 사람이나 기업이 있다. 그들을 개척자 또는 선구자라고 부른다

세계 전쟁사에는 죽음을 무릅쓰고 작전에서 '길을 앞장선' 부대와 지휘관에 관한 이야기가 많다. 1911년에 출생한 윌리엄 다비William O. Darby는 제2차 세계대전 중 미군 특수부대 '레인저' 창설을 주도하고 지휘하여 혁혁한 공을 세웠다. 미국이 제2차 세계대전에 참전하기로 결정하자 당시 중령이었던 다비는 최초 참전 부대의 일원으로 북아일랜드 땅을 밟았다. 거기서 영국 특수부대 코만도를 본떠서 제1 레인저 대대 창설을 주도했다. 1943년 3월 레인저 부대는 알제리의 알지어 지역에서 첫 전투를 벌였다. 요새화된 적의 최전선 후방에 새벽에 침투해서 기습 공격을 감행했다. 다비는 빗발치는 기관총탄과 포격을 뚫고 맨 앞에서 적진으로 돌진했다. 레인저 부대는 치열한 근접 전투 끝에 적의 전방 방어막을 뚫는 데 성공했다. 이어 다비와 레인저 부대는 시칠리아 최전방에서 적의 공격을 물리치는 데 앞장섰다. 다비는 37밀리미터 기관총 사격을 맡았고, 부대원과 함께 수류탄만으로 탱크 3대를 파괴했다. 그 외에도 다비가 이끈 레인저 부대는 북아프리카 지역 최전선에서 적의 방어망을 뚫거나 공격을 저지하는 임무를 수행했다. 공로를 인정받은 다비는 은성 훈장Silver Star 등 많은 무공 훈장을 받았다. 그는 1945년 4월 30일 후퇴하는 독일군의 퇴로를

차단하기 위해 군 지휘부와 작전을 논의하던 중 떨어진 포탄에 사망했다. 당시 34세였다. 다비는 사후 준장으로 진급했다. 그의 웨스트포인트 사관학교 동기였던 윌리엄 바우머William Baumer는 그가 죽기 전에 집으로 초청해서 일주일 동안 레인저 부대 이야기를 청취하고 기록한 적이 있다. 그 이야기는 1980년에 《우리는 길을 앞장섰다We Lead the Way》라는 제목의 책으로 출간되었다.

메리 트리그Mary Trigg가 편집한 《길 앞장서기Leading the Way》는 럿거스대학교의 여성 리더십 프로그램을 수료한 졸업생들이 교육계, 군대 등 각 분야에서 사회 변혁 운동을 선도한 이야기를 담고 있다. 이책에 〈무슬림으로 살기Living While Muslim〉란 글을 기고한 아르와 이브라힘Arwa Ibrahim은 이라크 태생 미국인이다. 어린 시절 그는 바그다드에서 걸프전을 직접 경험했다. 전기가 끊기고 식량이 부족한 상태에서 미군의 폭격이 계속되었다. 한번은 공습을 피해 방공호에 갔는데, 사람이 너무 많아서 들어올 수 없다는 말에 가족과 집으로 돌아갔다. 그런데 그 방공호에 스마트 폭탄이 터져서 안에 있던 사람들이 몰살당했다. 이 끔찍한 경험은 아르와에게 평생 트라우마가 되었다. 나중에 아르와 가족은 '아메리칸 드림'을 좇아 미국으로 망명했다. 미국의 2차 이라크 침공 기간 동안에는 이라크 태생과 미국인이라는 이중 정체성 때문에 정신적 혼란을 겪었다. 9·11 테러 후에는 아랍인에 대한 노골적인 차별도 겪어야 했다. 아르와는 미군 통치하에 생활하는 이라크 국민의 인권에 관심이 많아서 대학 시절부터 이라크 출신과 피난민들을 인터뷰하고 신문에 기고하기 시작했다. 2006년 8월 아르와 가족은 요르단에 여행 갔다가 뉴욕 존 F. 케네디 공항을 통해 귀국했다. 며칠 전 런던항공사 비행기 폭파 협박이 있었던 터라 공항 경비가 삼엄했다. 아르와 가족은 입국 수속을 밟던 중 별도의 방으로 끌려갔다. 3백 명가량의 다른 아랍계 여행객들도 격리 조치되었다. 수하물을 검색당하고, 협조하지 않으면 오랜 기간 격리될 것이란 보안 당국요원의 협박과 함께 압박 심문을 받았다. 특정 인종을 범죄인 취급하는 '인종 프로파일링racial profiling'을 당한 것이다. 이 경험은 아르와가 미국 내 아랍인, 남아시아인, 무슬림에 대한 차별에 반대하는 인권 운동을 선도하는 계기가 되었다. 아르와는 시민단체와 협력해 캠페인을 벌이고 기자회견, 인터뷰, 기고, 대중 연설을 통해 인종차별의 부당성을 고발했다.

제가 제 가족이 경험한 것 같은 정부 당국의 무슬림에 대한 반헌법적이고 불법적인 차별을 막겠다는 목표를 달성했을까요? 물론 아닙니다. 대신 저는 제 활동이 인종, 성, 종교와 상관없이 모든 미국인의 인권을 보호하는 운동에 적극 참여하게 하는 중요한 첫걸음이 되었다고 생각합니다.

험한 산행에서 맨 앞에 서든, 전투에서 앞장서든, 기업 혁신이나 사회 변혁을 선도하든, 우리 주위에는 앞장서서 조직과 사회를 이끄는 사람들이 있다. '앞장서다'라는 말의 의미는 여러 가지로 해석할 수 있는데, 그중 하나가 솔선수범이다. 영어로는 '모범을 통해 이끌기lead by example'라고 한다. 조직을 어떤 방향으로 움직이게 하거나 사회 변혁을 선도하려면 다른 구성원이 그 가치를 인정하고 따르게 해야 한다. 그러기 위해서는 자신이 먼저 변해야 한다. 마하트마 간디는 "세상을 변화시키고 싶다면 당신이 그 변화가 되어야 한다"라고 했다. 자신이 먼저 변해야 세상을 바꿀 수 있다. 테레사 수녀도 다음과 같이 말했다.

> 나 혼자는 세상을 바꿀 수 없지만, 물 위에 돌을 던져 많은 잔물결을 일으킬 수 있다.

인생길에서 앞장서는 삶을 산다는 건 거창한 게 아니다. 세상에 원하는 변화를 내가 먼저 실천하는 것이다. 가령 우리나라 운전자들은 운전대만 잡으면 쉽게 흥분하고 화를 내는 '도로 분노road rage'에 빠진다. 그런 운전 문화를 바꾸고 싶은가? 그럼 다른 운전자에게 손가락질하기 전에 내가 먼저 바뀌면 된다. 다른 운전자에게 양보하고 친절하면, 호수에 던지는 돌멩이처럼 잔물결로 퍼져 다른 사람을 변하게 할 수 있다. 그것이 길을 앞장서는 삶이다.

인생 항로에서
태풍을 만났을 때

바다를 항해하다 태풍을 만나면 배 안으로 파도와 빗물이 침투하지 않도록 신속한 조치를 취해야 한다. 갑판에는 갑판 아래로 내려가는 통로인 해치hatch가 있다. 선체에 화물을 싣고 내리는 입구나 비상 탈출구로 사용된다. 옛날 목선의 해치는 뚜껑이 나무로 되어 있었기 때문에, 배가 기울거나 바람이나 갑판 위로 쏟아지는 파도에 뚜껑이 열리면 선실 안으로 바닷물이 유입되어 위험한 상황이 발생한다. 그래서 태풍을 만나면 해치 뚜껑에 배튼batten이란 나무판자를 대고 못을 박아 열리지 않도록 고정했다. 여기서 태풍에 대비하는 것을 가리키는 '해치를 나무판자로 고정하다batten down the hatches'란 표현이 생겨났다. 인생 항로에서도 태풍을 만날 때가 있다. 재정, 인간관계, 건강, 직장 생활 등에서 위기를 알리는 경고등이 켜질 때이다. 이때 태풍을 무사히 뚫고 가기 위해서는 신속하게 인생 배의 해치를 단단히 고정하고 정신 무장을 해야 한다.

줄리어스 로버트 오펜하이머Julius Robert Oppenheimer는 미국의 핵무기 제조를 주도한 천재 물리학자로, 그의 생애가 영화화되어 큰 인기를 끌기도 했다. 이 영화는 2006년에 카이 버드Kai Bird와 마틴 셔윈Martin Sherwin이 출간한 《아메리칸 프로메테우스American Prometheus》란 전기에 바탕했다. 오펜하이머는 제2차 세계대전 당시 미국의 핵무기 개발 프로그램 '맨해튼 프로젝트'를 주도했다. 1945년에 핵폭탄 실험이 성공한 후 미군은 일본 히로시마와 나가사키에 핵폭탄을 투하했다. 제2차 세계대전 후 오펜하이머와 여러 동료 과학자는 미국과 소련의 무기 경쟁으로 자신들이 개발한 핵무기가 전 세계로 확산되면서 세계적 재앙이 일어날 것을 우려했다. 일본에 핵폭탄이 투하되어 수많은 인명 피해가 난 것에 대한 도덕적·윤리적 책임을 느끼기도 했다. 그래서 핵무기 개발을 투명하게 통제할 수 있는 제도를 마련하자고 주장하기 시작했다. 이들은 당시 미국 원자력위원회AEC 수장이었던 루이스 스트라우스Lewis Straus와 갈등을 빚기 시작했다. 스트라우스는 미국 핵무기 프로그램을 투명하게 공개하는 데 반대하는 입장이었다. 그는 연방수사국FBI 및 조지프 매카시 상원 의원 등과의 연줄을 이용해서 오펜하이머의 입지를 막후에서 흔들기 시작했다. 스트라우스가 AEC 의장으로 정식 취임한 날 오펜하이머의 친구이자 변호사였던 허브 마크는 AEC의 지인으로부터 전화를 받았다.

> 자네 친구 오피[오펜하이머]에게 '해치를 단단히 고정하고' 험악한 날씨에 대비하라고 충고하는 게 좋겠어.

전화 내용은 즉각 오펜하이머에게 전달되었다. 스트라우스는 오펜하이머의 국가 안보 취급권의 정당성을 문제 삼기 시작했다. AEC의 제보자는 '해치를 고정하라'는 충고를 통해 오펜하이머에게 앞으로 직면할 정치적 공격의 태풍에 대비하라고 경고한 것이다. 1954년 6월 AEC는 오펜하이머의 과거 활동, 특히 좌파 정치인 및 단체와의 관계를 문제 삼아 그의 국가 안보 취급권을 박탈했다. 이로 인하여 미국 정부의 핵무기 개발 프로그램에서 공식적으로 배제된 오펜하이머는 프린스턴 고등연구소 교수로 돌아갔다. 9년이 지난 1963년 오펜하이머는 린든 존슨 대통령으로부터 엔리코 페르미상을 받음으로써 명예를 회복했다.

메건 오로크Meghan O'Rourke는 미국의 떠오르는 젊은 작가다. 그가 2022년에 펴낸 《보이지 않는 왕국Invisible Kingdom》은 미국 공영 라디오 방송 NPR이 선정한 '올해 최고의 책' 중 하나로 선정되었다. 2011년 메건은 회고록 《오랜 작별 인사Long Goodbye》를 출간했다. 이 책에서 그는 암으로 세상을 떠난 어머니의 투병 생활과 어머니를 잃은 슬픔을 안고 생활했던 시절을 회상한다. 그의 어머니는 건강에 이상을 느껴 진찰받고 직장암 판정을 받았다. 추가 검사가 진행되는 동안 메건은 최악의 상황은 피하게 해달라고 하나님에게 매달려 기도했다. 직장암 4기로 판정될 경우 5년 생존율은 8퍼센트였다. 그러나 우려는 현실로 나타났다. 더구나 암이 다른 장기로 전이된 상태였다. 의사에게 진단 결과를 들은 메건은 '의자를 뚫고 아래로 떨어지는 느낌'이었다고 적었다. 암세포가 온몸에 퍼져 수술할 수도 없었기 때문에 방사선치료와 항암 치료를 시작했다. 메건은 처음에는 현실을 부인하려 했다. 남자 친구와 책을 읽고 영화도 보면서 애써 어머니 상태에 관하여 생각하지 않으려 했다. 그러나 어머니를 돌보는 아버지로부터 전해 듣는 소식은 암울했다. 어머니가 항암 치료를 시작하고 3주 후 메건은 부모님 집을 방문했다. 빨랫감이 사방에 너부러져 있었고 청소를 안 해서 집 안이 지저분했다.

> 심지어 반려견들조차 초조해 보였다. 아버지는 도움이 필요하다는 사실을 애써 인정하지 않으려 했다. 그러나 나는 엄마를 지극정성으로 보살피는 아버지를 보고 감명을 받았다. '해치를 나무판자로 고정시켜야' 할 필요성을 느끼기 시작했다.

위 맥락에서 '해치를 고정시킨다'라는 표현은 어머니의 투병과 관련하여 앞으로 닥쳐올 힘든 시간에 정신적으로 대비한다는 뜻이다. 가족의 일원으로서 가족이 시련의 시기를 이겨내도록 자신이 할 수 있는 역할을 하겠다는 다짐의 표현이기도 하다. 그렇게 마음을 다졌지만 어머니가 죽은 후 메건은 큰 상실감에 빠졌다. 그는 어머니의 죽음을 이해하려 많은 노력을 기울인다. 궁극적으로는 이해의 한계와 더불어 죽음을 이해하려 일상을 등한시하는 것은 무의미하다는 것을 깨닫는다. 그리고 슬픈 와중에도 삶을 적극적으로 껴안고 세상과 교류하며 현재의 시간에 충실하는 것이 진정한 치유임을 깨닫는다.

재정적 위기가 예상될 때도 해치를 닫고 단단히 고정해야 한다. 2008년 미국 주택 시장 붕괴로 촉발된 세계 금융 위기 당시 워싱턴뮤추얼은행 CEO였던 케리 킬링거Kerry Killinger와 연방주택금융은행 부위원장이었던 린다 킬링거Linda Killinger는 《덩치가 너무 커서 파산하지 않는 것은 없다Nothing is Too Big to Fail》란 책을 2021년에 출간했다. 두 사람은 2008년 경제 위기 당시 직접 경험한 일들을 기술한다. 2008년 금융 위기 초에 위기를 감지한 워싱턴뮤추얼은행 전략기획 실장 토드 베이커Todd Baker는 다음과 같이 경고음을 울렸다.

> 은행은 신용카드, 주택 담보 대출, 상업 부동산 등 가장 취약한 분야의 '해치부터 단단히 닫아야 합니다.'

2008년 금융 위기 초에 워싱턴뮤추얼은행은 주택 시장의 부정적 기류를 인지하고 서브프라임 대출을 중단했다. 주택 담보 대출 및 프라임 모기지 시장의 비중도 줄였다. 신용카드 부서도 긴축 운영에 돌입했다. 그러나 이 정도 대응으로 서브프라임 모기지의 쓰나미를 막을 수는 없었다. 금융 위기가 고조되면서 대규모 예금 인출 사태가 벌어지자 워싱턴뮤추얼은행은 무너졌고, 연방정부의 개입을 통해 JP모건에 매각되었다. 좀 더 일찍 위기를 감지해서 자본 규모를 늘리고, 서브프라임 분야 자산을 매각하고, 유동성을 더 효율적으로 관리했다면 상황은 달라졌을지 모른다. 워싱턴뮤추얼은행의 파산은 평소 위기 가능성에 선제적으로 대응하지 않으면 대마(大馬)도 망할 수 있다는 교훈을 준 사건이었다.

태풍에 대비하여 해치를 고정시킨다는 말에는 다음과 같은 함의가 있다. 첫째는 예측하지 못했던 위기에 대비한다는 의미다. 둘째는 역경을 헤쳐 나가겠다는 의지의 표현이다. 셋째는 선제적으로 위기에 대응하여 피해를 최소화하는 리스크 관리다. 넷째는 위기 상황의 종류에 따라 대응책을 달리하는 적응력을 의미한다. 이 모든 것의 출발은 얼마나 위기 징후에 민감하느냐다. 인생 항로에서 태풍에 대비하여 해치를 잠그려면 사전에 태풍이 일어날 기미를 포착해야 한다. 오펜하이머의 경우처럼 누군가가 경고해줄 수도 있다. 그러나 우리 스스로가 위험 신호에 항상 민감해야 한다. 워싱턴뮤추얼은행처럼 태풍이 코앞에 닥쳤을 때는 어떤 대책을 세우더라도 너무 늦은 상황이 될 수 있다. 위험 신호에 항상 민감하다는 것은 방심하지 않는다는 말과 일맥상통한다. 충분한 시간을 갖고 위기에 대비하려면 방심은 금물이다.

배에서 뛰어내리는
사람을 잡는 법

큰 태풍을 만나 배가 파손되고 침수되어 가라앉고 있다면 어떻게 해야 할까? 당연히 배에서 탈출해야 한다. 그렇지 않으면 침몰하는 배와 함께 바닷속으로 끌려들어 간다. 일단 배에서 뛰어내린 후 살 방법을 강구해야 한다. 가라앉는 배에서 뛰어내리는 것을 영어로 '점프 십 jump ship'이라고 한다. 인생 항로에서도 타고 가는 배에서 뛰어내려야 할 때가 있다. 자신이 속한 조직이나 처한 상황에서 탈출할 때다. 가령 망해가는 회사를 그만둘 때, 적성에 맞지 않는 전공을 바꿀 때, 정책이 자신의 이념과 맞지 않아 정당을 탈당할 때, 폭락할 조짐이 보이는 주식을 처분할 때, 제품 품질에 문제가 있어서 애용하던 브랜드와 결별할 때 영미인들은 비유적으로 '배에서 뛰어내린다'라고 표현한다.

회사가 유능한 직원을 붙잡아두는 비결은 무엇일까? 애사심? 충성심? 세계적 만화영화 제작사 픽사의 CEO를 역임한 로런스 레비 Lawrence Levy는 《픽사, 위대한 도약To Pixar and Beyond》에서 질문의 정답은 '적절한 보상'이라고 강조한다. 하버드대학교 출신 변호사이자 한 실리콘밸리 기업의 재무 이사로 일하던 로런스는 만나본 적 없는 스티브 잡스로부터 픽사에서 같이 일하지 않겠느냐는 전화를 받았다. 스티브 잡스는 1985년에 애플에서 해고된 후 1986년에 조지 루카스로부터 픽사를 인수했다(스티브 잡스는 1996년에 애플 CEO로 복귀했다). 로런스는 픽사로 자리를 옮긴 후 잡스와 함께 별 볼 일 없던 컴퓨터 그래픽 스튜디오를 역사상 가장 성공적인 할리우드 영화 제작사로 탈바꿈시켰다. 픽사가 기업공개IPO를 추진할 때 로런스는 잡스와 의견 충돌을 빚었다. 로런스는 픽사 직원들에게 스톡옵션을 주기를 원했지만 잡스는 반대했다. 자신이 공동 창업한 애플에서 쫓겨난 경험이 있던 잡스는 직원에 대한 스톡옵션 제공을 자신의 경영권에 대한 위협으로 간주했다. 로런스는 잡스를 설득했다. 많은 직원이 젊음과 경력을 픽사에 바쳤고, 회사가 위기에 처했을 때도 떠나지 않았기 때문이다.

무엇 때문에 그들은 금전적으로 더 좋은 기회를 찾아 '배에서 뛰어내리지' 않았을까? 나는 픽사에 대한 열정 때문이라고 생각했다. 그동안 기업이 상업적으로 실패했지만 직원들은 자신이 하는 일의 잠재력을 믿고 끝까지 함께하기를 원했다. 그러나 거기에만 의존할 수 있는 시간은 지났다. 직원들의 헌신에 대한 보상이 필요했다.

잡스는 결국 직원들에게 스톡옵션을 주는 데 동의했다. 이 결정은 픽사 직원들에게 큰 동기부여가 되었고, 이후 픽사가 놀라운 성공을 달성하는 데 중요한 밑거름이 되었다. 기업이 직원에게 적절한 보상을 제공하는 것에 인색하면 유능한 인재들은 언제든 배에서 뛰어내려 더 좋은 배로 갈아탈 거라는 평범한 진리를 일깨워주는 일화다.

직원이 매력 없는 기업이란 배에서 탈출하듯이 소비자도 매력 없는 브랜드란 배에서 탈출한다. 리 아이아코카Lee Iacocca는 포드의 세일즈 매니저로 시작해서 히트 자동차 제조기로 명성을 날리며 CEO에까지 오르고, 크라이슬러로 옮긴 후에는 쓰러져가던 회사를 일으켜 세운 전설적 인물이다. 1984년에 출판된 그의 자서전에는 지금도 금과옥조처럼 새겨들어야 할 기업 경영에 관한 조언이 많다. 그가 포드에 있을 때의 이야기이다. 그는 머스탱 브랜드의 성공을 이끌어 기업 자동차 및 트럭 부문 부사장으로 승진한 상태였다. 포드 회장이었던 헨리 포드 2세는 수년 동안 판매 부진에 빠져 있던 링컨-머큐리 부문을 활성화하라는 새로운 임무를 그에게 부여했다. 링컨-머큐리는 포드 자동차 라인에서 럭셔리 카에 해당했다. 포드는 일반 포드 자동차를 애용하던 소비자들이 고급 자동차로 바꿀 때 링컨이나 머큐리를 택하도록 만들고 싶어 했다.

실제로는 대부분의 포드 자동차 소유자가 '배에서 탈출했다.' 고급 자동차로 업그레이드하려는 소비자들은 머큐리

나 링컨보다는 뷰익, 올즈모빌, 캐딜락을 선택할 가능성이
컸다.

포드 자동차의 기대와 달리 기존 포드 고객들은 고급차를 구입할
때 포드라는 '배에서 뛰어내려' 경쟁사 GM의 차를 택했다. 아이아코
카는 이 문제를 해결하기 위해 럭셔리 스포츠카 머큐리 쿠거와 대형
럭셔리 세단 머큐리 마키스란 새로운 모델을 만들었다. 기존 모델과
달리 품질과 디자인이 세련되면서도 차별화된 자동차였다. 아이아
코카는 마케팅에도 혁신을 도입했다. 자동차 출시를 앞두고 철저한
비밀로 미스터리한 분위기를 자아내고 라스베이거스의 비밀 쇼에서
자동차의 베일을 벗기는 이벤트를 기획했다. 전략은 대성공을 거두
어 링컨-머큐리 부문은 매출이 상승하며 기사회생했다.

우리는 기업이나 브랜드뿐만 아니라 인간관계에서도 미래가 없
다고 생각될 때 탈출을 시도한다. 영화배우 브룩 실즈Brooke Shields는 11
살 때 모델로 데뷔했다. 싱글맘이었던 엄마 테리Teri는 매니저로 딸의
스케줄을 관리하며 놀라운 수완을 발휘해서 딸이 스타가 되는 데 절
대적 역할을 했다. 그러나 모녀의 관계에는 많은 우여곡절이 있었다.
브룩 실즈는《한 작은 여자아이가 있었다There Was a Little Girl》란 회고록
에서 자신의 성장기와 더불어 인생에서 핵심 인물이었던 어머니와의
관계를 솔직하게 털어놓는다. 엄마 테리는 남편 프랭크와 1966년 이
혼했다. 프랭크는 보수적 집안 출신으로 성공한 사업가였는데, 테리
는 평소 그가 자신에게 불만이 많다고 느꼈다. 남편이 공개 석상에 자

신과 같이 참석하는 것을 창피스러워한다고 느꼈다. 자신의 말투에도 불만이 있고, 자신이 다른 여자였으면 하고 바란다고 느꼈다. 그래서 궁극적으로 언젠가 그가 자신을 버릴 것이라고 믿었다. 복합적 요인이 작용한 끝에 테리는 혼자 멕시코로 날아가서 이혼을 청구했다. 브룩 실즈의 회고록에 따르면 테리는 자신이 상처를 받기 전에 먼저 관계를 끝내는 경향이 있었다.

> 어머니는 자신이 혼자라고 느꼈다. 속으로는 사랑과 결혼 생활의 파트너십을 갈망했지만 자신이 그럴 가치가 없는 사람이라고 생각했다. 그래서 종종 자신이 너무 큰 상처를 받기 전에 '배에서 뛰어내렸다.'

그러나 테리는 브룩 실즈를 떠나지 않았다. 남편에게 이혼 수당을 요구하지 않는 대신 브룩 실즈가 대학을 끝낼 때까지 학자금을 지원해줄 것을 요청했다. 그리고 오랫동안 딸과 동행했다. 다른 인간관계에서는 배에서 뛰어내려도 자식과의 관계에서는 그럴 수 없었던 것이다.

앞의 이야기에서 2가지 인생 교훈을 얻을 수 있다. 첫째, 인간은 기본적으로 자신의 이익을 위해 행동한다는 점이다. 조직이든 인간관계든 상품 브랜드든 침몰하는 배처럼 위기에 빠져 있고 미래가 없다면 사람들은 뛰어내린다. 로런스 레비의 말처럼 의리, 우정, 충성심에만 의존해서는 그들을 붙잡아둘 수 없다. 그것이 인간 본성이기 때문이다. 둘째, 그 본성을 이해하고 직원, 파트너, 고객을 붙잡고 싶다면 상대의 불만과 불안 요소를 선제적으로 제거해야 한다. 그런데 우리는 보통 그런 노력 없이 막연히 상대방이 계속 배에 남아 있을 것이라고 기대한다. '희망적 기대'의 밑바탕에는 안일한 현실 인식이 깔려 있다. 우리 회사를 떠나봤자 어디 가겠어? 나만 한 파트너가 또 어디 있다고? 우리 브랜드를 사용하지 않으면 자신이 손해지. 그러나 회사는 널려 있고, 잠재적 파트너도 널려 있고, 브랜드도 널려 있다. 그래서 기업이든 개인이든 모든 관계에서 상대방은 자신이 원하고 필요로 하는 것, 즉 '니즈needs'가 충족되지 않으면 언제든 배에서 뛰어내릴 수 있다는 위기 의식을 갖는 것이 중요하다. 그래야 상대방이 무엇을 기대하고, 무엇을 필요로 하고, 무엇을 원하고, 무엇이 불편한지를 헤아릴 수 있고 해결 방안을 강구할 수 있다. 직원이든 파트너든 고객이든 당연시하지 말라는 말이다. 상대방의 니즈를 항상 체크하는 것, 그것이야말로 좋은 관계를 오래도록 유지하는 핵심 비결이다.

태풍에서
살아남는 법

대양을 항해하다 보면 날씨가 화창하고 바다가 잔잔한 때도 있지만 반대로 태풍을 만날 때도 있다. 맑은 하늘에 갑자기 먹구름이 몰려오고 파도가 거칠어진다. 최선의 방법은 파도가 접근하는 속도보다 빨리 달려 태풍의 경로에서 벗어나는 거다. 그러나 그럴 시간이 없다면 태풍에 부딪혀 살아남는 수밖에 없다. 태풍 속에서 침몰하지 않고 살아나는 것을 영어로는 '웨더 더 스톰weather the storm'이라고 한다. '웨더 weather'는 명사로는 날씨를 뜻하지만 동사로는 '견뎌내다'라는 뜻이다. 따라서 weather the storm은 '태풍을 겪으며 이겨내다'라는 뜻이다. 배가 항해하다 태풍을 만나듯 인생 항로에서도 태풍을 만날 수 있다. 사업이 위기에 처하거나, 실직하거나, 결혼에 실패해 이혼하거나, 사랑하는 사람과 이별하거나, 중병에 걸리는 것 같은 역경을 겪을 때다.

나야 리베라Naya Rivera는 아역 배우로 시작해서 〈글리Glee〉라는 뮤지컬 드라마 시리즈에서 산타나 로페즈 역을 맡아 유명해졌다. 남자 친구였던 빅 션Big Sean을 주제로 한 싱글 곡 '소리Sorry'를 발표하며 가수로 활동하기도 했다. 나야는 《소리 낫 소리Sorry Not Sorry》에서 20대 때 겪은 파란만장한 경험에 관하여 이야기한다. 그는 트위터를 통해 래퍼 빅 션을 만나 사귀다 약혼까지 했다. 두 사람은 세간의 관심을 몰고 다니는 커플로 각종 행사에 참여해 스포트라이트를 받는 등 화려한 생활을 공유했다. 그러나 막후에서 두 사람은 여러 문제와 씨름했다. 두 사람은 종교와 영적 측면의 가치관이 달라 자주 충돌했다. 또 각자 연기와 음악 활동 때문에 자주 떨어져 생활하며 서로에 대한 신의가 흔들렸다. 게다가 SNS와 타블로이드 신문을 통해 퍼지는 각종 소문과 가십거리가 상호 불신을 부채질했다. 두 사람은 각자 SNS를 통해 성명을 내고 반박하는 등 공개적으로 충돌한 끝에 파혼하고 헤어졌다. 나야는 힘든 시기를 극복하기 위해 신앙에 의지했다. 또한 자신의 실수에서 배운 교훈을 실천하고 다른 사람의 말 대신 내면의 목소리에 귀 기울이려 했다. 그 결과 옛 남자 친구였던 라이언Ryan과 재결합하고 결혼에 골인했다. 나야의 책 7장의 제목은 〈가장 좋았던 최악의 해: 태풍을 겪으며 이겨내는 법을 배우기The Best Worst Year Ever: Learning to weather the storm〉다. 20대 때 나야가 항로에서 만난 태풍은 인간관계의 파멸이었고, 그는 종교적 신앙의 힘으로 이 시기를 뚫고 나갔다. 그 결과 더욱 강한 내면의 힘을 가진 사람으로 성장할 수 있었다.

여성 흑인 작가 에이리니 카슨Eirinie Carson은 2023년에 《죽은 자들은 신이다The Dead are Gods》란 회고록을 냈다. 책에서 그는 가장 친한 친구를 잃고 큰 슬픔에 빠졌던 경험을 이야기한다. 친구였던 라리사Larissa가 욕조에서 사망한 채 발견되었고 경찰은 사고사라고 했다. 사랑하는 사람을 잃는 슬픔은 수많은 사람이 경험하는 보편적 감정이다. 그러나 에이리니에 따르면 실제 슬픔을 겪는 사람의 입장에서는 매우 사적인 감정이다. 그렇기 때문에 슬픔을 이겨내는 방법에 대한 상투적 조언들, 가령 '시간이 지나면 나아진다', '바쁘게 시간을 보내라' 등은 실제 슬픔을 겪는 개인에게 공허하게 들린다. 에이리니는 상실의 슬픔을 이겨낼 수 있는 유일한 길은 슬픔에서 도망가는 대신 적극적으로 껴안고 철저하게 겪는 것이라고 말한다.

> 자신이 직접 그것을 느끼고, 어두운 바닷물 속에 서 있으면서 축축함과 차가움이 옷 속으로 스며드는 것을 느끼는 것, 그것이 바로 '태풍을 극복하는' 과정이다. 태풍이 지나가면 그 자리에 명확한 이해가 생겨난다. 고요함과 받아들임이 찾아온다.

상실의 슬픔이란 태풍을 몸으로 부딪혀 겪어야 비로소 마음에 평온이 찾아오고 상실을 현실로 받아들일 힘이 생긴다는 의미다.

칩 윌슨Chip Wilson은 기능성 의류 전문 제조 업체 룰루레몬 애슬레티카Lululemon Athletica 창업자이자 대표다. 윌슨은 운동과 레저를 결합한 '애슬레저athleisure' 분야를 개척했다. 그가 이끈 룰루레몬은 사람 중심 경영을 모토로 워라밸을 중시하는 창의적이고 진취적인 지역 출신 인재들을 불러 모았다. 동일한 가치와 사고를 공유한 기업 문화를 바탕으로 혁신적인 제품을 잇달아 선보이며 시장을 선도했다.

윌슨은 《룰루레몬 스토리Little Black Stretchy Pants》라는 회고록에서 2008년 룰루레몬이 세계 외환 위기라는 태풍을 어떻게 뚫고 성장했는지 이야기한다. 2007년 미국의 서브프라임 사태가 도화선이 되어 '제2의 대공황'이라 불리는 세계적 금융 위기가 발발했다. 룰루레몬도 금융 위기에 따른 경기 침체로 타격을 입었다. 2008년 9월에 리먼브라더스가 파산한 후에는 다우존스 주가가 500 이하로 떨어지는 등 상황이 더욱 심각해졌다.

그렇지만 룰루레몬은 전반적으로 '태풍을 무사히 뚫고' 살아남았다.

윌슨은 태풍에서 살아남은 원인으로 룰루레몬의 강한 펀더멘털을 지적한다. 평소 쌓은 명성, 충성 고객층, 품질에서 타협하지 않는 태도 등이 거센 파고를 넘는 데 중요한 역할을 했다. 또한 금융 위기로 인한 시장 변혁의 흐름을 신속하게 파악하고 전자상거래로 판매망을 확대했다. 고객의 관심을 유지하기 위하여 제품을 혁신하는 노력도 배가했다. 부동산 매각 등 재무 구조를 강화하는 조치도 취했다. 그 결과 금융 위기가 끝났을 때 룰루레몬은 더 튼튼한 기업으로 부상할 수 있었다.

앞의 이야기에서 보듯이 인생 항로에서 겪는 태풍의 형태는 다양하다. 태풍을 겪으며 이겨내는 방법도 상황에 따라 다르다. 그러나 한 가지 공통점이 있다. '태풍을 이겨낸다'는 것은 적극적으로 도전에 맞선다는 의미다. 상황에 맞는 해법을 강구하고, 역경에 적응하며, 안정을 잃지 않는 것을 의미한다. 그런 노력을 통해 더 강해지는 능력이 바로 '회복 탄력성resilience'이다.

인생길에서 역경을 만났을 때 제대로 견뎌내는 것은 물론 중요하다. 그러나 거기서 그친다면 우리 인생은 권투 경기에서 로프에 몰리고 상대의 펀치를 일방적으로 맞으며 버티는 상황이 된다. 그러다 맷집이 바닥나면 쓰러지고 만다. 맞고도 잘 버티는 맷집만으로는 경기에서 이길 수 없다. 그래서 역경에 부딪혔을 때는 인내하는 동시에 반격할 수 있는 기회를 찾아야 한다. 전략적 분석을 통해 '역경'이라는 약점을 찾아내 코너에서 치고 나와야 한다. 그리고 젖 먹은 힘을 내서라도 상대방을 제압해야 한다. 그것이 '회복 탄력성'이다.

공자는 "보석은 마찰 없이는 가공할 수 없다. 마찬가지로 사람은 시련 없이는 완벽한 사람이 될 수 없다"라고 했다. "잔잔한 바다는 능숙한 선원을 만들지 않는다"라는 아프리카 속담도 있다. 작가 비비언 그린Vivian Greene은 "인생은 단순히 태풍이 지나가기를 기다리는 것이 아니라 빗속에서 춤추는 법을 배우는 것이다"라고 했다.

인생 역경을 단순히 인내해야 할 전생의 업보로 볼 것인가? 아니면 우리 자신을 단련하여 더 강한 사람이 될 수 있는 기회로 삼을 것인가? 선택은 자신에게 달려 있다.

역풍을 만나도
목표를 놓치지 말라

항해할 때 배의 뒤에서 부는 바람은 순풍tailwind, 앞에서 부는 바람은 '역풍headwind'이라고 한다. 인생 항로에도 순풍과 역풍이 있다. 순풍은 앞에 장애가 없어서 일이 잘 풀릴 때고, 역풍은 장애에 직면한 때다. 영어 회고록과 자서전을 검색해보면 '순풍'이란 단어는 대부분 실제로 배를 운항하는 상황에서 등장한다. 대조적으로 '역풍'은 어떤 일을 추진할 때 부딪힌 장애나 어려움을 비유적으로 표현하는 맥락에서 자주 등장한다. 인생을 회고할 때는 좋은 시절보다는 힘들었던 시절에 대해 이야기할 것이 더 많기 때문인가 보다.

역풍이란 단어를 가장 즐겨 쓰는 분야는 경영이다. 기업을 경영하다 보면 각종 도전 상황에 직면하게 된다. 기업인들은 이 같은 상황을 '역풍'에 비유하기를 좋아한다. 마이클 델Michael Dell은 미국의 유명 IT

기업 델Dell의 창립자다. 그는 《플레이 나이스 벗 윈Play Nice But Win》에서 2000년 중반에 델이 직면한 역풍에 관해 이야기한다. 2000년 초까지만 해도 델은 주문 생산 방식 사업 모델로 20년 연속 성장세를 구가하던 가장 성공적인 기업이었다. 그러나 마이클이 CEO에서 물러나 있던 2000년대 중반에 매출이 줄어들기 시작하면서 경고등이 켜졌다. 마이클은 당시 상황을 다음과 같이 진단한다.

> 2005년 후반이 되자 매출 감소가 예외적 현상이 아니란 것이 분명해졌다. 델이 심각한 '역풍'을 맞기 시작했다.

마이클이 언급한 역풍은 HP, 에이서, 레노버 같은 경쟁사들이 델의 사업 모델을 따라 하기 시작한 것에서 비롯되었다. 역풍에 직면한 델은 기업 인수를 통해 사업 규모를 키우는 것으로 대응했다. 그럼에도 델의 PC 사업 매출은 계속 줄어들고 주가가 미끄럼을 탔다. 2012년에 마이클은 델의 CEO로 복귀했다. 그리고 PC 제조 업체에서 IT 토털 솔루션을 제공하는 기업으로 이미지 변신을 꾀했다. 그럼에도 별 성과가 없자 투자자들의 신뢰를 처음부터 다시 구축하기 위하여 상장을 폐지하기로 결정했다. 동시에 클라우드 컴퓨팅 같은 신기술에 투자하고, 모바일 기기와 소프트웨어 솔루션으로 제품군을 다양화했다. 직원 수를 줄이고, 낙후된 생산 시설을 폐쇄하고, 공급망을 일원화하는 등의 개혁 조치도 단행했다. 그 결과 효율과 수익성이 개선되었고, 궁극적으로 역풍을 이겨내고 전보다 강한 기업으로 재부상할 수 있었다.

카멀라 해리스Kamala Harris 현 미국 부대통령은 2020년에《우리가 가진 진실The Truths We Hold》이란 회고록을 냈다. 그는 검사와 정치가로 일하며 습득한 지혜와 교훈을 독자와 공유한다. 민권운동가였던 부모의 영향을 받은 그는 어릴 때부터 정의와 인권에 대한 의식을 갖고 자랐다. 또한 흑인 여성으로서 법과대학을 졸업하고 검사에 임용된 후 눈에 보이지 않는 각종 편견과 차별을 이겨내야 했다. 그리고 같은 길을 걷는 후배 흑인 여성들이 편견과 차별을 극복할 수 있도록 조언과 도움을 주는 멘토를 자처했다. 카멀라는 지역 검찰총장 선거에 나섰을 때 친구의 소개로, 법과대학에 재학 중이던 비너스 존슨이란 젊은 흑인 여성을 만났다. 카멀라는 비너스의 모습을 본 순간 젊었을 때의 자신을 보았다. 비너스는 검사로 성공하고 싶다는 강한 포부를 밝혔고, 카멀라는 그녀의 멘토가 되어주기로 다짐했다. 우선 다른 지역 검찰청에 검사 자리를 알선해주었다. 나중에는 자신의 검찰 팀으로 불러 참모 역할을 맡겼다. 그리고 멘토로서 비너스가 도전에 직면했을 때 용기를 잃지 않도록 격려와 조언을 아끼지 않았다. 카멀라는 역풍에 직면했을 때는 힘들더라도 희망을 잃지 않는 것이 중요하다고 역설한다.

강력한 '역풍'에 직면했을 때는 쉽게 피곤해진다. 상황을 헤쳐 나갈 엄두가 안 난다. 그러나 포기해서는 안 된다. 우리의 추락은 열망하는 것을 멈추는 순간 시작되기 때문이다.

역풍은 항해뿐만 아니라 달리기나 자전거 경주에서도 큰 장애가 된다. 자전거 경주 선수들에 따르면 언덕을 올라갈 때보다 역풍을 안고 달릴 때가 훨씬 힘들다고 한다. 역풍은 일반적 장애와 다른 점이 있다. 길을 가로막은 장애물은 넘어가거나 돌아갈 수 있다. 그러나 역풍은 내가 가고자 하는 반대 방향으로 나를 미는 힘이기 때문에 체력을 고갈시킨다. 따라서 역풍이 불 때도 같은 페이스로 달리는 것을 고집하는 것은 현명한 일이 아니다. 무조건 뚫고 나가려고 힘쓰면 금방 체력이 동나서 오히려 중도 포기하기 쉽다. 역풍을 뚫고 나가려고 결심했다면 최대한 바람과의 마찰을 줄이는 전략을 써야 한다. 등에 지고 있는 짐이나 자전거의 불필요한 장치들을 덜어내야 한다. 옷도 최대한 몸에 밀착되는 가벼운 것을 선택해야 한다. 바람 방향과 몸이 일직선이 되도록 진행 방향을 유지하는 데 집중해야 한다. 그리고 체력적으로 감당할 수 있는 수준으로 속도를 늦춰야 한다. 그것이 바로 사업이 역풍을 맞았을 때 마이클 델이 사용한 군살 빼기와 페이스 조절 전략이다. 이와 더불어 역풍 속에서 사기를 유지하기 위해서는 역풍을 만나도 자신이 열망하는 목표를 시선에서 놓치지 말라는 카멀라 해리스의 조언을 가슴 깊이 새겨야 한다.

인생은 무턱대고 달리는 경주가 아니다. 인생이 짧다는 말은 인생의 허무함을 강조한 말이 아니다. 반대로, 매 순간을 신중하게 가득 채워 살라는 말이다. 그렇게 하기 위해서는 인생길에서도 언덕, 들판, 돌길, 사막 등의 지형과 눈, 바람 등의 날씨, 신체 컨디션에 따라 걷거나 달리는 페이스를 조절할 줄 알아야 한다. 최근 많이 사용되는 용어 중 하나는 '지속 가능성'이다. '지속 가능한' 발전, 농업, 사업, 환경, 관광 등 많은 분야에서 이를 강조한다. 인생 여정에도 지속 가능성이 중요하다. 체력을 잘 관리하고 상황에 따라 걷거나 달리는 페이스를 조절할 수 있는 능력은 지속 가능한 인생의 핵심 요소이다.

가라앉지 않으려면
헤엄쳐야 한다

물에 빠졌을 때 헤엄쳐 육지로 나오지 않으면 익사한다. 영어에선 이런 상황을 '가라앉지 않으려면 헤엄쳐야 한다sink or swim'라고 한다. 인생 항해에서도 잘못해서 바다에 떨어지면 살아남기 위해 헤엄쳐야 한다. 타인에게 의지하지 않고 자력으로 살아남아야 하는 상황, 그런 결단이 요구되는 상황에서 영미인들은 '가라앉지 않으려면 헤엄치라'라고 말한다.

4백만 부 이상 팔린 자서전《더 글라스 캐슬Glass Castle》의 지은이 지넷 월스Jeannette Walls는 술꾼 아버지와 정신병이 있는 어머니 밑에서 가난한 어린 시절을 보냈다. 부모는 예술가였지만 아이들을 방치하다시피 했다. 지넷이 살던 마을 북쪽 사막에 '핫 팟Hot Pot'이란 유황 온천이 있었다. 어느 날 아버지는 핫 팟으로 가족을 데리고 갔다. 핫 팟의 중심부는 수심이 매우 깊어서 익사 사고가 나기도 했다. 아버지는 수영을 가르쳐주겠다며 한 팔로 지넷의 허리를 감싸고 핫 팟 반대편으로 헤엄쳤다. 그리고 돌아오는 길에 핫 팟 중간에서 자기 목을 꼭 안고 있는 지넷의 팔을 풀고 밀어버렸다. 지넷은 물에 빠지지 않으려고 허우적거렸지만 점점 물에 가라앉았다. 코와 입으로 유황 냄새가 짙은 물이 밀려들었다. 잠시 후 아버지가 다가와 허리에 팔을 감고 물 위로 끌어올려 물가로 데리고 나왔다. 켁켁거리며 콧물, 눈물을 쏟고 있는 지넷에게 아버지가 말했다. "가라앉지 않으려면 헤엄쳐라." 그러고는 다시 지넷을 핫 팟 중심부로 끌고 가서 손을 놓았다. 그렇게 하기를 여러 차례. 마침내 지넷은 팔을 휘저으며 앞으로 나가기 시작했다. "그래, 그렇게 하는 거야! 그게 헤엄치는 거라고!" 아빠가 소리쳤다. 지넷이 기진맥진해서 물가로 나왔을 때 아버지가 껴안으며 위로하려 했지만 화난 그는 아버지 팔을 뿌리쳤다. 아버지는 "아무렴 네가 빠지라고 내가 내버려뒀겠냐? 널 사랑해서 그랬던 거야"라며 달랬다. "평생 풀장 가장자리를 붙들고 맴돌 수는 없잖아. 물에 빠지지 않으려면 헤엄치는 법을 배워야지." 분이 풀린 후에 지넷이 다시 생각해보니 아버지 말이 수긍이 갔다. '아버지가 날 사랑해서 그런 거야.' 그 외에는 아버지의 행동을 달리 설명할 길이 없었다.

인생에서도 지넷처럼 갑자기 물에 던져지고 어떻게든 혼자 헤엄쳐 살아남는 법을 터득해야 할 때가 있다. 2009년 1월 15일 US에어웨이항공사 소속 1549 여객기가 뉴욕 라과디아공항에서 이륙한 후 기러기 떼와 충돌했다. 기러기들이 엔진에 빨려 들어가 양쪽 엔진 모두가 멈춰 섰다. 당시 비행기 고도가 낮아 라과디아공항으로 회항하는 것은 불가능했다. 자칫 육지로 추락해서 모든 탑승객이 사망하는 대재난이 일어날 수 있는 상황이었다. 기장이었던 체슬리 설런버거Chesley Sullenberger는 기지를 발휘해서 근처 허드슨강에 동체착륙을 감행했다. 그리고 기적적으로 155명의 탑승객 전원이 생존했다. 이 사건은 톰 행크스가 기장 역을 맡은 2016년 영화 〈설리Sully〉의 소재가 되었다. 남자 친구와 함께 뉴욕을 여행하고 콜로라도에 있는 집으로 돌아가던 커린 루니Karin Rooney도 그 비행기에 타고 있었다. 이륙하자마자 기체가 요란하게 흔들리고 비행기가 180도 급회전을 했다. 인터콤에서 기장의 목소리가 들렸다. "승객 여러분, 비상착륙에 대비한 자세를 취하십시오." 구사일생으로 살아남았지만, 커린은 사고 후 심각한 PTSD를 겪었다. 수시로 사고 당시 장면이 눈앞에 떠올랐고 악몽과 불안에 시달렸다. 수면 부족에 집중력 저하, 대인 기피증까지 생겼다. 일상생활이 불가능한 수준이었다. PTSD란 도전에 맞서 싸울 것인가 아니면 그대로 가라앉을 것인가? 커린은 가라앉는 대신 사력을 다해 헤엄치기로 결정했다. 그리고 정신과 치료와 약물 치료, 가족과 친구들의 도움을 통해 PTSD를 극복했다. 2017년 커린은 치유를 향한 자신의 여정을 책으로 출판했다. 책 제목은 《가라앉지 않기 위하여 헤엄치기: 허드슨강 비상착륙 후의 삶Sink Or Swim: Life After Crash Landing in the Hudson》이다.

'가라앉지 않기 위하여 헤엄치기'는 두려운 현실을 마주했을 때도 적용된다. 흑인인 해리슨 무니Harrison Mooney는 갓난아기 때 백인 기독교 가정에 입양되었다. 주의력 결핍 및 과잉 행동 장애ADHD를 앓던 해리슨은 근본주의 기독교 교회에서 홈스쿨링 교육을 받으며 심각한 정체성 혼란을 겪었다. 해리슨은 학교와 지역사회에 귀속감을 가지려 노력했지만 주위 사람들은 그를 투명인간 취급했다. 그럼에도 대학생 시절까지는 입양 가정의 울타리 아래서 큰 어려움 없이 자랐다. 대학 생활이 끝나갈 무렵 해리슨은 장래를 놓고 고민에 빠졌다. 대학원을 갈 것인가, 취업해서 사회생활을 시작할 것인가? 어떤 경우든 이제 보호 울타리를 떠나야 할 시간이 다가오고 있었다. 친부모에 대한 생각도 간절해졌다. 양부모는 친부모와의 재회에 반대했다. 모든 것이 불투명한 앞날이었다. 해리슨은 《투명 아이Invisible Boy》에서 당시의 상태를 다음과 같이 묘사했다.

'가라앉지 않기 위해 헤엄쳐야' 할 시간이 다가오고 있었지만 나는 어항을 떠날 준비가 되어 있지 않았다.

인생 여정에서는 절체절명의 위기나 큰 도전에 부딪힐 때가 있다. 앞으로 가야 할 길이 안개에 파묻혀 잘 보이지 않을 때도 있다. 포기하고 싶은 생각이 든다. 앞으로 나가는 것이 두렵다. 그때 포기하지 않고 헤엄치면 살 수 있다는 의지와 믿음이 있으면 좋겠다. 죽을힘을 다해 헤엄치지 않으면 가라앉기 때문이다.

넘어져도
당당하게 일어서자

숲에 어둠이 깃들기 시작했다. 누울 만한 평평한 곳을 찾으며 계속 걸었다. 그러다 앞길을 제대로 보지 못하고 흔들거리는 큰 돌에 발을 올렸다. '넘어지면서' 오른쪽 다리가 접질리고 말았다. [⋯] 손바닥에 체중을 얹고 어려운 요가 포즈를 풀 듯 다리를 펴고 다시 똑바로 일어섰다. 무릎이 아팠지만 휘청거리지는 않았다. 모든 것이 이상무인 것 같았다. 자신감을 되찾고 무릎의 긴장을 풀기 위해 몇 발걸음을 디뎌보았다. 길옆으로 넓은 공터가 보여서 슬리핑백을 펼치고 안으로 기어들어 갔다. 잠시 하늘을 올려다보니 매우 포근한 모습이었다.

제니퍼 데이비스Jennifer Davis는 2011년에 애팔래치아 트레일을 46일 간 걸어 완주하는 신기록을 세웠다. 하루에 약 76킬로미터를 걸은 셈 이다. 제니퍼는 21살 때 이미 같은 트레일을 완주했다. 그 후 장거리 하이킹에 매료되어 북미 3대 장거리 트레일을 비롯해서 킬리만자로 산, 페루 마추픽추의 잉카 트레일, 오스트레일리아의 비불먼 트랙 등 세계의 유명 코스를 걸었다. 애팔래치아 트레일 기록을 달성한 직후 인 2012년에는 잡지 〈내셔널지오그래픽〉의 '올해의 모험가' 최종 후 보에 올랐다. 제니퍼의 이야기는 CNN, NPR 등의 방송과 각종 잡지에 소개되었다. 2015년에 출간한 《다시 부름을 받다: 사랑과 승리의 이 야기Called Again: A Story of Love and Triumph》에서 제니퍼는 하이킹과 인생에 관한 이야기를 풀어놓는다. 책에는 산길에 미끄러져 구른 이야기, 강 물에 빠질 뻔한 이야기, 눈보라를 뚫고 나아간 이야기, 폭염과 싸운 이 야기 등이 실려 있다. 제니퍼는 그동안 여러 번 넘어져봤기 때문에 어 쩌다 넘어져도 당황하지 않는다. 일어나서 몸을 움직여보고 큰 이상 이 없으면 다시 전진한다.

인생길에서도 '넘어질fall' 때가 있다. 일시적 실패나 좌절을 겪을 때다. 입학시험에서 떨어지고, 사업이 파산을 맞고, 사랑하던 사람과 헤어져 가슴앓이를 한다. 넘어졌을 때는 제니퍼처럼 힘을 내 일어나 자신감을 되찾고 다시 걸어야 한다. 라이언 블레어Ryan Blair는 어린 시 절 아버지의 잦은 구타와 가출, 갱단 조직원으로 소년원을 들락거린 아픈 과거가 있다. 그러다 어머니가 사업가와 재혼한 후 의붓아버지 의 도움을 받아 24살에 24/7Tech라는 회사를 세웠다. 그 후에는 기업을 만들어 키운 후 매각하는 일을 반복하며 엄청난 부를 쌓았다. 라이언은 2013년에 《잃을 것은 없고 얻을 것만 있다Nothing to Lose, Everything to Gain》란 책을 출간했다. 그는 자신의 성공 뒤에는 '넘어지면 일어나라'라는 어머니의 가르침이 있었다고 썼다.

> 어머니는 내가 아는 여성 중 가장 강인한 분이다. 나의 영웅인 어머니는 아무리 상황이 암울해도 사랑하고 긍정적인 태도를 잃지 않도록 가르쳤다. 내가 배운 가장 중요한 교훈은 '넘어졌을' 때는 일어나서 자신감 있게 서라는 것이었다. 내가 어린 시절 넘어져 다치면 어머니는 일어나라고 명했다. "사내대장부가 되어야지, 그렇게 나약해서야 되겠냐"라고 꾸짖었다.

미국 여자축구 대표 팀 센터포워드였던 애비 왐바크Abby Wambach는 2015년 여자축구 월드컵에 출전했다. 조별 마지막 경기인 나이지리아전에 출전한 애비는 전반 44분에 코너킥으로 날아온 공을 발리킥으로 차서 골 망을 흔들었다. 덕분에 미국은 조별 1위로 16강에 진출했다. 결승전에서 애비는 벤치에 앉아 있었지만 미국이 일본을 5 대 2로 격파하고 월드컵 우승을 차지했다. 일본과 결승전을 벌이기 전날 애비는 폭스뉴스 스튜디오에서 7분간 팀 동료들에게 보내는 응원 메시지를 녹음했다. 그는 넘어지면 바로 일어나서 뛰라고 동료들을 격려했다.

우리 모두에게는 꿈이 있다. 세상을 살면서 꿈이 있다면, 무언가를 원한다면, 매우 간절히 원한다면 모든 것을 걸어야 한다. 꿈을 달성하지 못하면 철저한 비탄에 빠질지 모르지만 그런 위험을 감수해야 한다. '넘어지면' 일어나야 해. 우리 팀은 '넘어져도' 절대 오래 주저앉아 있지 않는다.

애비는 7살 때 이미 소년 축구부에서 남자아이들과 같이 뛰었던 축구 천재다. 미국 대표 팀의 일원으로 월드컵에 4회 출전했고, 남녀 선수 통틀어 생애 최다 골 기록을 안고 은퇴했다. 은퇴 후에는 여성 인권과 기회 평등을 위해 투쟁하는 사회운동가로 변신했다. 애비는《포워드Forward》에서 사생활과 선수 생활에서 부딪힌 도전을 어떻게 극복했는지 이야기한다. 그 이야기는 '영웅은 인생의 도전을 불굴의 의지로 이겨내는 사람이다'라는 점을 일깨워준다.

'더 후The Who'는 1960~1970년대를 풍미한 영국의 전설적 4인조 록 밴드다. 시대를 앞선 패션 감각, 1960년대 모드 문화Mod culture를 상징하는 스쿠터, 리듬앤드블루스와 실험 음악을 조합한 새로운 록 영역 개척 등으로 전 세계 수많은 팬의 사랑을 받았다. 2007년 플로리다 공연에서 더 후의 보컬 로저 돌트리Roger Daltrey가 무대에서 쓰러졌다. 로저는 그전부터 메스꺼움과 어지러움을 느끼고 있었다. 병원 검진 결과에 따르면 나트륨 결핍증이었다. 로저는 자서전《미스터 키블화이트, 감사해요Thanks a Lot Mr Kibblewhite》에서 당시 상황을 이렇게 회고한다.

투어 공연을 시작한 지 2, 3개월 지나면 심하게 아팠다. 정말 아팠다. 알고 보니 이유는 단순했다. 나트륨 때문에, 아니 나트륨 부족 때문이라는 거다. 그렇게 사방으로 뛰어다니고 땀을 흘렸는데 허탈한 기분이었다.

며칠 후 다시 병원을 찾았을 때 의사가 엑스레이 사진을 가지고 와서 물었다. "척추는 언제 다쳤나요?" 로저가 다친 적 없다고 하자 의사는 엑스레이를 보여줬다. 척추가 골절된 줄도 모르고 지나간 것이었다.

척추가 골절되면 당연히 통증을 느꼈을 거라고 생각할 것이다. 그렇지만 나는 평생 많은 부상을 당했다. 로큰롤 이야기에는 항상 행운의 요소가 있다. 그 행운은 육체를 단련한 대가다. '넘어지면' 다시 일어나야 한다. 그리고 [공연을] 계속해야 한다. 처음에도 그랬고 지금도 그렇다.

사업을 하든, 운동을 하든, 음악을 하든 넘어지면 일어나서 계속 전진해야 성공이 있고, 승리가 있고, 영광이 있다. 일어나는 것이 다가 아니다. 누구나 어릴 때 운동하다 또는 친구들과 놀다 넘어진 경험이 있을 것이다. 지금 생각해보면 넘어졌을 때는 주섬주섬 일어난 것 같다. 자격지심도 있고 창피하기도 해서 그랬을 거다. 하지만 라이언 블레어의 어머니는 단순히 '일어나라'라고만 하지 않았다. 일어나서 '당당하게 서라_{stand strong}'라고 했다. 넘어졌을 때 올바르게 일어나는 방식이 있다면 바로 이것 아닐까. 넘어진 것에 당당한 것, 넘어진 것을 창피하게 여기지 않는 것.

인생길에서 넘어지면 일어나 당당하게 서자. 그리고 어깨를 펴고 고개를 바로 들고 다시 힘차게 걸어가자. 넘어진 것이 대수인가?

흐름에 따를 때와
역행해야 할 때를 알라

강이나 바다에서 헤엄칠 때는 물의 흐름을 잘 살펴야 한다. 보통은 물의 흐름이나 조류의 방향을 따라가는 것이 안전하고 힘도 덜 든다. 가령 이안류에 휘말렸을 때는 육지만 바라보고 조류의 역방향으로 헤엄치면 안 된다고 한다. 그렇게 하면 조류와 싸우다 힘을 모두 소모하여 위험한 상황에 처하게 된다. 이때는 해안과 평행선으로 헤엄쳐서 이안류를 벗어나야 한다. 물의 흐름을 따라 헤엄치는 것을 영어로 '흐름과 같이 가다go with the flow'라고 한다. 반대의 경우는 '흐름에 반대해서 가다go against the flow'라고 한다. 비유적으로 '물의 흐름'은 주어진 상황, 대세, 다수의 의견, 지배적 경향 등을 의미한다. 따라서 물의 흐름을 따라가는 것은 주어진 상황에 적응하고, 대세에 순응하고, 다수 의견과 지배적 경향을 따르는 것이 된다. 반대로 물의 흐름에 역행하는 것은 상황에 적응하지 못하고, 대세를 받아들이지 않고, 다수 의견이나 지배적 경향을 따르지 않는 것을 말한다. 인생길에서도 강이나 바다를 만난다. 여기서 강이나 바다는 비유적으로 자신이 속한 집단이나 지역사회를 의미한다. 그 안에서 헤엄친다는 것은 처신을 의미한다. 집단이나 지역사회의 지배적 흐름 앞에서 어떻게 처신할 것인가?

긍정적인 측면에서 '흐름을 따른다'는 말은 상황에 적응하는 것을 의미한다. 불편하거나 싫은 부분이 있더라도 공동의 목표를 위해 자신의 개인적 선호를 억제하고 팀 작업이 원활히 흘러가도록 노력하는 것을 의미한다. 또 까다롭게 굴지 않고 상황에 맞춰 행동하는 것을 말한다. 캐럴 버넷Carol Burnett은 1970년대 텔레비전 스타였던 코미디언 겸 배우다. 캐럴은 1967년부터 1978년까지 CBS의 〈캐럴 버넷 쇼〉란 버라이어티 코미디 쇼를 진행하며 스타덤에 올랐다. 그는 부촌인 캘리포니아 말리부의 비치 하우스를 구입해서 특별한 손님들에게 숙소로 제공했다. 한번은 여름에 〈마라톤〉이란 영화를 찍던 로런스 올리비에Lawrence Olivier에게 비치 하우스를 빌려줬다. 로런스는 비치 하우스에 묵는 동안 캐럴 부부와 친해졌다. 부부를 위해 파티를 열어주기도 한 로런스는 캐럴이 〈피트와 틸리Pete 'n' Tillie〉란 영화에 출연하도록 다리를 놔주었다. 텔레비전에서만 활동하던 캐럴은 처음에는 영화 출연에 겁을 먹었지만 좋은 기회라고 생각하고 제의를 받아들였다. 영화 촬영이 시작되자 생각보다 쉽지 않았다. 연기를 해야 하는데 몸이 경직되어 마치 막대기처럼 느껴졌다. 월터 매소Walter Matthau, 제럴딘 페이지Geraldine Page 같은 배우들이 여유 있고 창의적으로 연기하는 것을 보고 속으로 감탄만 했다. 언제 영화에서 빠지라는 통보가 올지 안절부절 상태였다.

> 왜 긴장을 풀고 내 텔레비전 쇼에서 하듯이 '흐름을 따라가지' 못하는 걸까? 이곳은 내가 있을 곳이 아니라는 생각을 떨칠 수 없었다.

그런 상황에서 주연 배우였던 월터 매소가 점심을 같이하자고 제안했다. 점심 식사 자리에서 월터는 농담을 하고 호탕하게 웃으며 캐럴이 긴장을 풀도록 분위기를 이끌었다. 자신의 영화 촬영 경험을 이야기하며 누구나 처음에는 긴장하기 마련이라고 격려해주었다. 긴장을 풀고 영화 촬영 경험을 즐길 수 있도록 몇 가지 조언도 건넸다. 월터와 다른 배우들의 격려에 힘입어 캐럴은 초기의 불안감을 극복하고 훌륭한 연기를 보여주었다. 빠르게 진행되는 텔레비전 녹화에 익숙했던 캐럴에게는 여러 가지를 재면서 느리게 진행되는 영화 촬영 방식이 몸에 안 맞는 옷 같았다. 그러나 주변의 도움과 자신의 노력으로 흐름에 적응해서 자연스러운 연기를 할 수 있었다.

부정적 측면에서 '흐름을 따른다'는 말은 상황에 맞춰 타협하고 편리를 추구한다는 것을 의미한다. '좋은 것이 좋은 것이다'라는 태도로 생활하는 것이다. 리즈 머리Liz Murray는 뉴욕 브롱크스의 마약 중독자 부모 밑에서 태어났다. 아버지가 실업자였기 때문에 리즈 가족은 시각장애인이던 어머니 앞으로 나오는 장애인 지원금으로 근근이 생활했다. 리즈는 가난 때문에 학교에서 더럽다는 놀림을 받았고, 수업도 빼먹기 일쑤였다. 그러다 15살 때 부모가 별거에 들어가면서 리즈는 부모 곁을 떠났다. 친구 집들을 돌아가며 먹고 자거나 길거리에서 노숙자 생활을 하기도 했다. 그러다 후터스란 식당에서 일하기 시작했다. 가슴골과 다리가 모두 드러난 셔츠와 반바지를 입고 음식을 날랐다. 이후 베리라는 나이 든 사람에게 생활비를 받기 시작했다. 베리는 영어로 '슈거 대디sugar daddy', 우리말에서 속칭 '스폰서'라고 하는 남자였다. 자신의 처지에 따라 편한 대로 세상과 타협하며 사는 생활이었다. 그러던 리즈는 자신의 생활 방식에 의문을 품기 시작했다. 후터스 식당이나 친구들과 자주 찾았던 할리우드 클럽에서 자신을 성적 도구로만 취급하는 것이 불쾌했다. 이후 베리가 금전적 지원의 대가로 성적인 것을 요구했을 때 단호히 거절하면서 자신의 생활에 더욱 환멸을 느끼게 되었다. 리즈는 인생을 '좋은 것이 좋다'는 식으로 대충 살아서는 안 되겠다고 생각하고 2년제 대학에 등록했다. 그러고는 자신이 영화 대본 작가의 자질과 잠재력이 있다는 것을 발견했다. 이후 로스앤젤레스에서의 생활과 단절하는 의미에서 뉴욕으로 이사하고 뉴욕 영화 아카데미에 등록했다. 뉴저지에 있는 친구 집에 머물면서 뉴욕 시내의 아카데미로 등교했다. 버스, 지하철, 도보를 합쳐 편도 2시간 반이 걸리는 거리였다.

냄새나는 버스 의자에 앉아 조지 워싱턴 다리를 건너가면서도 신이 났다. 마침내 나는 '흐름을 따라' 사는 대신 인생의 목적을 추구하고 스스로 결정하는 삶을 살고 있었다.

얼마 후 리즈는 〈뉴욕타임스〉의 장학금을 타냈다. 그리고 하버드대학교에 지원해 추가 합격자 명단에 올랐다. 그는 두 번째 입학 면접을 통해 마침내 하버드대학교에 입성했다. 2010년에 출간한 《밤샘하기: 용서와 생존, 노숙자에서 하버드로의 여정 회고록Breaking Night: A Memoir of Forgiveness, Survival, and My Journey from Homeless to Harvard》에 실린 이야기이다.

때로는 흐름에 역행하는 쪽이 가치 있을 때도 있다. 기존 업무나 사고방식에 도전해서 새로운 변화를 도입하려 할 때다. 앞에서도 이야기한 데릭 시버스는 소속사 없이 혼자 활동하는 독립 음악가였다. 27살 때 그는 클럽에서 연주하고 자신이 소유한 작은 녹음 스튜디오에서 다른 가수의 레코드 제작을 도와주고 연주도 해주며 생활을 꾸리고 있었다. 자신의 노래를 CD로 제작해서 콘서트에서 판매하기도 했다. CD를 인터넷으로 판매하려고 주요 온라인 레코드 상점에 연락했더니 주요 배급사를 통하지 않으면 판매할 수 없다는 답변을 들었다. 독립 음악가가 주요 배급사와 거래를 트는 것은 힘든 일이었다. 수익금의 대부분을 배급사가 먹고 자신은 빵 부스러기 정도를 건질 것이 뻔했다. 더구나 대형 음반사를 끼지 않고는 광고 노출을 기대하기도 어려웠다. 판매 실적이 형편없는 음악가는 온라인 상점에서 퇴출당하기도 했다. 데릭은 대규모 음반사와 배급사가 지배하는 음악 시장의 조류에 역행하기로 결심했다. 'CD 베이비'란 온라인 상점을 직접 만들어 자신의 CD를 팔기 시작했다. 페이팔Pay Pal 같은 온라인 결제 시스템도 없던 시절이라 손수 온라인 쇼핑 카트를 만들고 신용카드 결제 계좌도 터야 하는 어려운 작업이었다. 그러나 온라인 판매를 시작하자 다른 독립 음악가들도 판매를 의뢰하기 시작했다. 처음에는 단순히 자신의 CD를 팔겠다고 한 일이 사업이 되었다. 10년 후 데릭은 CD 베이비를 2천2백만 달러에 매각해서 큰돈을 쥐었다. 그는 2016년에 발간한 《당신이 원하는 것은 무엇이든》에서 자신의 경험을 다음과 같이 반추한다.

> 대부분의 사람들은 자신이 무엇 때문에 일하고 있는지 모른다. 그냥 다른 사람들을 모방하고, '흐름을 따라가고,' 자신의 길을 만들기보다 이미 있는 길을 따라간다.

우리 대부분은 자신이 원하는 것보다 다른 사람들이 가치 있다고 말하는 것을 추구하며 인생의 시간을 보낸다. 데릭은 그런 삶이 행복을 가져오지 않는다는 것을 깨닫지 못하는 사람이 많다고 강조한다. 그런 인생을 살지 않으려면 자신을 행복하게 하는 것이 무엇인지, 추구할 가치가 있는 일이 무엇인지에 대한 개인적 철학을 갖는 것이 중요하다. 그리고 큰 꿈을 좇는 대신 지엽적인 것들에 집착해서 인생을 낭비하지 말아야 한다.

우리는 주어진 상황, 대세, 유행, 지배적 사고와 행동 방식이란 흐름 속에 살고 있다. 앞의 이야기에서 보듯이 흐름에 맞춰 살아야 할 때도 있고 역행해야 할 때도 있다. 캐럴 버넷의 이야기에서처럼 집단의 흐름에 적응하며 호흡을 맞춰야 할 때가 있다. 까다롭게 또는 특별나게 굴지 않고 유연하게 자신을 변화시켜야 하는 상황도 있다. 이런 능력을 상황 적응력 또는 유연성이라고 한다.

그러나 흐름을 따르는 것이 '좋은 것이 좋다'는 식으로 불의나 비윤리적 상황과 타협하며 편리를 좇는 일이라면 바람직하지 않다. 새로운 사고나 행동 방식을 추구하기 위해 대세의 흐름에 역행해야 할 때도 있다. 흐름을 거슬러 헤엄치는 것은 힘든 일이다. 용기와 결단이 필요하기 때문이다. 무엇보다 변화에 대한 두려움을 극복해야 하고, 현실에 안주하려는 욕구를 거부해야 한다. 쉽지 않은 일이지만 작은 것부터 실천해보면 어떨까? 주변을 살펴보고 더 이상 자신의 목적이나 가치에 부합하지 않는 낡은 습관이 있다면 그것부터 고쳐보자. 흐름을 거슬러 헤엄치려면 체력도 강해야 한다. 배움과 자기 계발에 투자해서 새로운 기술과 지식을 쌓자. 같은 목표나 가치를 공유하는 사람들과 네트워킹을 하는 것도 중요하다. 대세의 흐름에 역행할 때 혼자보다는 여럿이 연대하면 힘이 배가되기 때문이다.

인생은 여정이지
경주가 아니다

운전에서 과속이 위험하다는 것은 상식이다. 과속하면 상황에 반응할 시간이 줄어들고, 시야가 좁아지고, 정지거리가 길어지고, 자칫하면 차에 대한 통제력을 잃어 큰 사고로 이어질 수 있다. 인생 도로를 주행할 때도 과속은 현명한 일이 아니다. 문제 상황에서 서두르면 전체를 신중하게 판단하지 못해, 예방할 수 있는 실수를 하고 상황을 악화시킬 수 있다. 따라서 실제 도로에서나 인생 도로에서나 과속하고 있다고 생각되면 '속도를 늦춰야slow down' 한다.

사업이나 프로젝트 추진에서 속도를 늦춘다는 건 서둘지 않고 상황을 충분히 판단한 후 행동하는 것을 의미한다. 앞서 소개한 에드 캣멀은 1986년에 스티브 잡스 및 앨비 레이 스미스와 함께 픽사 애니메이션 스튜디오를 설립했다. 9년 후인 1995년에 내놓은 첫 장편 작품 〈토이 스토리Toy Story〉는 실사 같은 3D 컴퓨터 그래픽을 사용한 최초의 영화로 만화영화의 새 장을 열었다. 에드 캣멀은 2014년에 쓴 《창의성 기업》에서 영화든 산업디자인이든 소프트웨어 프로그래밍이든 기존의 것을 잘라서 짜깁기하면 겉으로는 창의적으로 보이지만 '예술이 없는 기술'이라고 주장한다. 기업이든 기관이든 창의적이기 위해서는 조직을 망치지 않는 정도 내에서 경직된 구조를 뜯어고쳐야 한다. 상황과 인력은 항상 유동적이기 때문에 혁신을 어떻게 달성할 것인가에 대한 하나의 정답은 없다. 그러나 문제를 끊임없이 고민하고 각자 상황에 맞는 해법을 찾아야 한다. 픽사에서는 스티브 잡스가 창의력을 발전시키는 데 큰 역할을 했다.

> 스티브 잡스는 영화제작자들이 짜깁기식 영화 아이디어를 가져와서 이야기할 때면 종종 발표를 멈추게 한 후 "속도를 늦추세요"라고 조언했다. 그러고는 이미 알고 있는 것 이상의 것을 찾아보라고 주문하곤 했다.

구체적으로 잡스는 "현장에 나가서 연구하세요"라고 충고했다. 그래서 요리사가 되고 싶어 하는 생쥐의 이야기를 그린 〈라따뚜이Ratatouille〉를 만들 때는 픽사의 제작 팀원들이 미슐랭 등급을 받은 파리의 유명 식당들을 다니며 2주 동안 관찰했다. 또 생쥐들이 많이 사는 파리 지하 배수구 터널 속을 직접 들어가보기까지 했다. 칼 프레드릭슨 할아버지의 집이 풍선을 타고 날아가는 영화 〈업Up〉을 만들 때는 베네수엘라의 분지형 산을 비롯하여 집이 날아가는 경로에 있는 지역을 직접 방문하기도 했다. 픽사 팀이 현장을 방문할 때는 무엇을 찾을지 모르고 가는 경우도 많았다. 에드 캣멀은 이렇게 말한다. "익숙한 것만 고집한다면 예상치 못했던 것을 발견할 수 없다." 스티브 잡스가 속도를 늦추라고 한 말은, 알고 있는 것만으로 영화를 만드는 데 급급하지 말라는 뜻이었다. 현장 답사도 하고 충분한 사전 연구를 통해 창의적이고 독창적인 것을 찾아내라는 주문이었다.

중요한 결정을 내리거나 변화를 도입하는 과정에도 속도 조절이 필요하다. 여러 상황 요소를 충분히 고려하여 문제 발생 가능성을 최대한 줄이고, 급격한 변화로 인해 예기치 못한 사태가 일어나는 것을 예방하기 위해서다. 캐서린 그레이엄Katharine Graham은 1960~1970년대에 미국의 대표적 일간지 〈워싱턴포스트〉를 이끌었다. 캐서린은 아버지가 〈워싱턴포스트〉 CEO였던 부유한 가정에서 태어났다. 그의 아버지는 CEO 자리를 캐서린의 남편 필에게 넘겨주었다. 그렇지만 필이 스트레스와 정신병 때문에 자살하면서 그는 〈워싱턴포스트〉 수장 자리에 오른다. 당시 저널리즘에 문외한이었던 그는 내부의 빈정거림을 극복하고 베트남전쟁과 워터게이트 사건 때 중요한 특종 기사를 터뜨리며 〈워싱턴포스트〉의 성공을 이끌었다. 1988년에 출간된 그의 자서전 《개인사Personal History》는 퓰리처상을 수상하고 베스트셀러가 되었다. 이 책에서 캐서린은 어린 시절, 결혼 생활을 비롯해서 〈워싱턴포스트〉 CEO로서 겪은 다양한 사건을 술회한다. 베트남전쟁 당시 〈워싱턴포스트〉는 처음에는 전쟁을 지지했다. 그러나 전쟁이 지속되면서 미국 내에서 반전 운동이 확산되었다. 〈워싱턴포스트〉 내부에서도 논설 기조를 행정부의 베트남전쟁 정책을 비판하는 쪽으로 바꾸자는 주장이 제기되었다. 특히 편집장 필 게일린Phil Geyelin이 강하게 주장했다. 필은 〈월스트리트저널〉 기자 시절 베트남을 2회 방문한 경험이 있었다. 그 경험을 바탕으로 그는 베트남 정책에 대한 지지는 '이길 수 없는unwinnable' 입장이라고 주장했다. 캐서린도 필의 의견에 동조했다. 한편으로 논설 기조를 천천히 바꿔야 한다는 데도 의견이 일치했다. 필은 커다란 배가 항로를 바꾸는 상황을 비유하며 당위성을 설명했다.

> 우리 논설 기조를 바꾸는 것은 큰 배가 방향을 바꾸는 것과 같습니다. 회전하기 전에 먼저 '속도를 줄여야' 합니다.

개인에게 '속도를 늦춘다'는 표현은 과로하거나 건강 상태가 안 좋을 때 일의 양을 줄인다는 의미다. 흑인 여성 토니아 올덤Tonia Oldham은 미 공군 선임 상사로 전역한 인물이다. 공군에 있는 동안 그는 공군 공연단 '톱스 인 블루'의 일원으로 미국 전역을 순회하며 공연했다. 2013년에 출간한 《역경을 넘어선 인생Life Beyond Adversities》에서 토니아는 군대의 각종 장기 대회에서 우승해서 공군의 최고 공연단인 톱스 인 블루에 선발되어 전국을 다니며 춤추고 노래하는 것이 꿈이었다고 술회했다. 흑인 여성인 그는 남성 위주의 조직에서 다양한 편견을 극복해야 했다. 경험을 통해 그는 인생이란 이기는 것이 목적이 아니라 역경을 인내하고 극복하는 과정이란 것을 깨달았다. 토니아는 공군에서 예편한 후 겪은 건강 문제에 관해서도 이야기한다. 몇 주 동안 몸에 이상 징후들이 생겼지만 무시하고 지냈다. 그러다 남편의 강력한 권유로 병원을 찾았다. 증세를 곰곰이 따져보니 췌장암이 의심되었다. 초진한 의사의 의견도 같았다. 토니아는 남편에게 유서를 써둔 위치까지 알려주며 최악의 상황에 대비하기 시작했다. 그런데 정밀 검사 결과 다행히 위 식도 역류 질환이라고 진단받았다. 군에 있을 때도 겪었던 병이었다. 당시에는 약물 치료로 나았으나 이번에는 혈관종이 너무 커서 제거 수술을 받아야 했고, 결국 담낭도 들어내야 했다. 성공적으로 수술을 받고 6주간 입원한 토니아는 중요한 교훈을 얻었다. 평소 자신은 절대 쓰러지지 않을 거라는 자신감을 갖고 살았지만 인생에는 속도 조절이 필요하다는 것이었다.

> 액셀러레이터에서 발을 떼고 '속도를 늦춰야' 할 시점에 도달했다. 내 마음은 경고 표시에도 불구하고 여전히 모든 것을 할 수 있다고 내게 말하고 있었다. 그렇지만 내 몸은 이렇게 외치고 있었다. '친구야, 속도를 줄여.'

일상에서 속도를 줄이는 것에는 다양한 의미가 있다. 기업 입장에서는 중요한 사업이나 전략적 결정을 앞두고 상황을 신중히 평가하거나 급격한 변화를 방지하기 위해 속도 조절이 필요하다. 개인에게는 가정이나 사회생활을 희생하며 일에 파묻혀 살 때, 건강을 해치면

서까지 일에 과욕을 부릴 때 속도 조절이 필요하다. 극심한 경쟁 사회에서 생활하다 보면 브레이크가 고장 난 자동차처럼 마구 내달리는 데 익숙해진다. 브레이크가 고장 나면 결국 사고로 이어지듯이, 과속 라이프 스타일은 가정, 인간관계, 건강 등에 각종 문제를 일으킨다. 삶의 속도를 늦춘다는 것은 '지금' '현재의 순간'을 '가득 채워 생활하는 것living fully'을 의미한다. 빨리 내달리느라 좁아진 시야를 넓혀 주위 것들의 중요함을 깨닫는 것이다. 바쁘다는 핑계로 손 놓았던 그림 그리기, 연락이 소원했던 옛 친구들과 소통하기, 계절 따라 바뀌는 공원의 꽃과 나무의 푸르름을 감상할 여유를 갖기, 유치원에 다니는 자녀 옆에 앉아 책 읽어주기 같은 것을 챙길 여유도 없이 '빨리빨리'를 외치며 살던 일상에 브레이크를 거는 것이다. 속도를 멈춘다는 것은 나를 위한 공간을 마련한다는 의미다. 사색할 공간, 느낄 수 있는 공간, 과거를 회상할 수 있는 공간, 현재 살고 있는 순간의 의미를 충분히 음미할 수 있는 공간 등.

지금 인생에서 과속하고 있다고 느낀다면 엑셀러레이터에서 살며시 발을 떼어보자. 인생은 여정이지 경주가 아니기 때문이다.

스쳐가는 인연도
소중하다

미셸 퓨Michelle Pugh는 대학을 졸업하자마자 어릴 때부터 가슴에 품은 꿈을 실현하기 위해 길을 떠났다. 꿈은 미국 동부 버지니아주에 있는 약 3,540킬로미터의 애팔래치아 트레일을 혼자 하이킹하는 것이었다. 비바람, 땡볕 더위, 벌레, 피로, 불면, 부상 등 많은 어려움을 겪지만 미셸은 기억에 남는 사람을 많이 만났다. 그는 《첫 번째 하이킹에서의 사랑Love at First Hike》이란 책에서 다음과 같이 말한다.

> 나는 많은 하이커를 만났다. 당일치기 하이커, 완주에 도전하는 하이커, 일부 구간만 걷는 하이커, 주말 하이커 등 새로운 사람들을 만나고 이야기를 듣는 것이 즐거웠다. 어떤 날에는 완주에 도전하는 하이커들과 하루 종일 같이 걸었다.

특히 미셸은 술만Souleman이란 남성 하이커를 만나 친해지고 사랑에 빠진다. 그리고 길 위에서 결혼식을 올리고, 남은 길은 신혼여행으로 치자고 의기투합해서 애팔래치아 트레일을 완주한다. 단독 하이킹을 하는 사람은 대부분 자연 속의 고독을 즐기기 위하여 길을 나선다. 그러나 그 길에서 미셸처럼 다양한 하이커를 만난다. 고개를 까딱하며 인사하고 지나가기도 하고, 잠시 멈춰 서서 서로의 경험과 정보를 공유하기도 하고, 음식을 나눠 먹기도 하고, 얼마 동안 같이 걷기도 하고, 때로는 더 먼 길을 동행하는 파트너가 되기도 한다.

인생길도 마찬가지다. 인생길을 하나의 선으로 본다면 중간중간에 무수히 많은 선과 교차하며 많은 만남을 만들어낸다. 그래서 영어에선 사람을 만나는 것을 '길이 교차하다paths cross' 또는 '누가 내 길을 가로질러 가다~ cross my path'라고 한다. 인생길에서 만나는 수많은 사람의 길과 나의 길이 교차하거나, 그들이 나의 길을 가로지르며 만남이 이루어진다. 클리프턴 톨버트Clifton Taulbert는 작가, 경영 컨설턴트 및 강연가로 활동하고 있다. 흑인인 그는 미국에서 인종 분리 정책이 시행되던 1940~1960년대에 목화 생산지였던 미시시피주의 작은 마을에서 10대 엄마의 아들로 태어났다. 그를 키운 것은 마 퐁크Ma Ponk라는 이모였다. 목화 농장에서 일하는 것이 지겨웠던 클리프턴은 이모의 남편인 클리브가 자신의 얼음 가게에서 일해보지 않겠냐고 제안하자 덥석 받아들였다. 그리고 그것이 인생의 전환점이 되었다. 이모부 클리브는 흑인은 목화 농장에서 일한다는 전통을 깨고 얼음 가게를 차려 사업을 시작했고, 고객 중심 경영을 통해 사업을 키워나갔다.

클리프턴은 클리브 옆에서 수십 킬로그램 무게의 얼음덩어리를 자르고 나르면서 기업가 정신entrepreneurship을 배웠다. 그렇게 얻은 교훈은 클리프턴이 기업인으로 성장하고 성공하는 데 중요한 밑거름이 되었다. 2010년 그는 자신의 성장 이야기를 《얼음 가게 주인은 누구인가Who Owns the Ice House?》란 책으로 출간했다. 이 책을 공저한 게리 쇼니거Gary G. Schoeniger는 클리프턴의 이야기를 들었을 때 자신이 양아들로 입적시킨 제이슨Jason과의 운명적 만남을 떠올렸다.

> 클리프턴의 이모부 이야기를 들으며 나는 10년 전에 '내 길을 가로질렀던' 어린 남자아이 제이슨을 생각했다. 내가 제이슨을 만났을 때 그는 11살이었다.

게리는 지금은 성공한 경영 컨설턴트지만 인생 출발은 보잘것없었다. 고등학교를 간신히 졸업하고 허드렛일을 하는 일용근로자로 생계를 유지했다. 그는 공사장 일을 하면서 자신에게 목공에 관한 손재주가 있다는 것을 알게 되었다. 그러다 어느 날 낡은 트럭에 사다리를 싣고 다니며 지붕의 홈통을 청소하는 일을 시작했다. 그렇게 시작한 일이 주택 보수 업체가 되었고, 규모가 큰 건설 개발 회사로 발전하는 성공의 씨앗이 되었다. 게리는 독신일 때 제이슨을 입양했고, 빈손으로 시작해서 기업을 일군 자신의 경험을 제이슨에게 전수했다. 제이슨은 자본금 1백 달러로 건설 현장 청소 전문 업체를 만들고 게리처럼 노력해서 번듯한 기업인이 되었다. 이러한 경험을 통해 게리는 빈손으로도 성공할 수 있으며, 그렇게 하기 위해선 '무엇이 문제인가 what is'에서 '이렇게 하면 어떨까 what if'로 관점을 바꿔야 한다고 강조한다. 모두가 당연시하는 전제나 오래된 생각에 도전할 때 남이 보지 못하는 기회를 포착할 수 있다. 인생길이 교차하여 생기는 만남 중에는 클리프턴과 제이슨의 이야기처럼 우리 인생에 큰 전환점을 가져다주는 만남이 있다. 반면 스쳐 지나가듯 만난 사람이 우리 인생에 결정적 순간을 만들어주기도 한다.

노벨 평화상 수상자 엘리 위젤Elie Wiesel은 제2차 세계대전 당시 유대인이었기 때문에 15살의 나이에 여동생 및 부모와 함께 아우슈비츠 강제수용소에 수감되었다. 어머니와 여동생은 가스실에서 처형당했지만 그는 살아서 아버지와 함께 구출되었다. 엘리가 수용소 생활 경험을 기록한 《밤Night》은 유대인 대학살에 관한 생존 문학의 최고봉 중 하나다. 그는 자신과 인생길이 교차했던 여러 사람에 관하여 이야기한다. 그중에는 엘리에게 유대교 전통 신비주의를 가르쳐준 가난뱅이 랍비 모쉬도 있고, 수용소 오케스트라에서 바이올린을 연주한 줄릭이란 수감자도 있다. 그런데 엘리가 수용소에서 살아 구출되는 데 결정적 역할을 한 사람은 그의 곁을 스치듯 지나간 한 수감자였다. 강제수용소에서는 여자와 남자가 분리 수용되었다. 강제수용소에 도착한 날 어머니와 여동생과 헤어진 엘리는 아버지와 함께 입소 절차를 밟는다. 그때 지나가던 한 수감자가 묻는다.

"나이는?"

"15살이에요."

"아냐, 넌 18살이야."

"아닌데요."

"바보, 내 말 똑바로 들어. 18살이라고 하라고."

그는 당시 50세였던 아버지에게도 40세라고 말하라고 하고는 어둠 속으로 사라진다. 나이가 너무 어리거나 많은 수감자는 노동할 수 없어서 가장 먼저 가스실로 보내졌다. 수감자의 조언 덕분에 엘리와 아버지는 나이를 속이고 창고에서 일하게 된다. 일할 수 있는 동안에는 처형되지 않았고, 그래서 강제수용소에서 살아 나올 수 있었다. 이렇듯 인생길에서 스치듯 우리와 길을 가로질러 가는 사람도 삶에 큰 영향을 준다.

인생길이 교차하여 생기는 인연은 평생 가는 인연이든 잠깐 얼굴을 마주치고 끝나는 인연이든, 좋은 인연이든 나쁜 인연이든 나름대로 의미가 있다. 생각해보라. 수천만, 수억 개의 인생길 중 어느 2개가 교차하여 만남이 이루어질 확률을. 그러니 어떤 인연이든 운명적이지 않을 수 없다. 그런데 우리는 인생길의 만남을 생각할 때 주로 '내가 그 만남에서 무엇을 얻었나?'란 자기중심 관점에서 생각한다. 나에게 도움이 되었나 해가 되었나? 그 관점을 180도 돌려 '내가 그들에게 어떤 사람이었나?'라고 자문해보면 어떨까? 나는 그들에게 도움이 되었나? 나는 그들을 따스하게 맞이했나? 그들의 입가에 미소를 선사했나?

그런 의미에서 앤 슬로터Anne E. Slaughter의 시집《바위 위에 성 쌓기 Building Castles on the Rock》에 나오는 시의 일부를 소개한다.

당신은 사랑으로 제 길을 건너가셨습니다

우리 나무에서 새들의 소리를 들었습니다.
각자 아침 노래를 불렀습니다.
저도 제 노래를 부르게 해주세요.
오늘도 사랑으로 제 길을 건너가신 당신을 위해서.

당신은 감사로 내 마음에 감동을 주셨고
제 삶의 자세는 달라졌습니다.
그것은 당신의 폭넓은 사랑에서 왔습니다.
오늘도 당신이 사랑으로 제 길을 건너가셨기 때문입니다.

저도 그렇게 해도 될까요?
어떻게 하면 당신처럼 될 수 있는지 가르쳐주세요.
인생에 밝은 빛을 주고
오늘도 사랑으로 다른 사람의 길을 건너갈 수 있도록.

가던 길을
벗어나야 할 때도 있다

우리는 각자의 삶에서 크고 작은 목적을 향해 걷는다. 오늘 하루 동안 할 일이 있다. 이번 주에 끝내야 하는 프로젝트가 있다. 또는 장기적으로 달성하고자 하는 목적도 있다. 그런데 나의 목표를 향해 열심히 걷다가 멀리서 도움이나 구조를 필요로 하는 사람을 발견하면 어떻게 할까? 내 갈 길이 바쁘니 못 본 척하며 지나칠 것인가? 아니면 시간이 지체되더라도 가던 길을 벗어나 도와주러 갈 것인가? '나의 길을 벗어나다go out of my way'라는 표현은 굳이 자신이 하지 않아도 되는 일을 다른 사람을 위해 '나서서' 해주는 상황을 묘사한다.

세계적 기업 IBM의 회장을 지낸 토머스 J. 왓슨 주니어Thomas J. Watson Jr.는 한때 공군 비행사였다. 1942년 크리스마스 직전에 토머스 부부는 첫째 아들을 낳았다. 두 달 후 토머스는 워싱턴 D. C. 근처에서 DC-3

기로 비행 훈련을 하고 있었는데 무전으로 다급한 연락이 왔다. 아들이 아프다는 소식이었다. 상관의 허락을 받은 그는 훈련 비행기를 몰고 뉴욕 라과디아공항으로 날아갔다. 공항에는 IBM 창립자이자 당시 회장이었던 아버지 토머스 J. 왓슨Thomas J. Watson과 아내가 기다리고 있었다. 두 사람의 그늘진 얼굴을 본 그는 아들이 이미 저세상으로 떠났음을 알아차렸다. 아들의 부고가 신문에 실린 날 그의 집 전화벨이 울렸다. 그가 모스크바에서 만난 적 있는 벤 로버트슨Ben Robertson이란 신문 기자였다. 오랜만에 목소리를 들어 반갑지만 집안에 안 좋은 일이 있어 통화하기 어렵다고 양해를 구하고 전화를 끊으려던 참에 벤이 말했다.

"자네 아파트 건물 아래 와 있네. 내려오게."

벤은 토머스 아들의 부고를 신문에서 읽고 '일부러' 찾아온 것이었다. 두 사람은 근처 공원으로 갔다. 벤이 건넨 따스한 몇 마디 말이 토머스에게는 큰 위로가 되었다. 그날 밤 벤은 팬아메리칸월드항공의 수상비행기를 타고 리스본공항에 착륙하다 안개 때문에 비행기가 뒤집어져 사망했다. 사실 토머스와 벤은 잘 아는 사이가 아니었다. 모스크바에서 한두 번 어울렸을 뿐이다. 그런데 벤은 취재 여행을 떠나기 전에 '일부러' 시간을 내서 찾아와 토머스를 위로했다. 토머스는 회고록《아버지, 아들 그리고 회사Father, Son, and Co.: My Life at IBM and Beyond》에서 벤에 대하여 다음과 같이 썼다.

　　그는 나에게 소중한 교훈을 가르쳐주었다. 큰 슬픔에 빠진 사람을 도울 수 있다면 일부러 '가던 길을 벗어나서라도' 그렇게 해야 한다는 것이다.

벤은 취재를 위해 목적지로 떠나야 하는 상황에서 말 그대로 '가야 할 길을 벗어나 일부러' 토머스를 찾아주었다. 그저 모른 척하거나 전화 한 통으로 끝내고 갈 길을 갔다면 사고를 당하지 않았을지도 모른다.

오스트레일리아 출신 가수 올리비아 뉴턴존Olivia Newton-John은 미국에 처음 진출할 때 웨스트할리우드의 선셋마키스호텔에 방을 얻어 활동을 시작했다. 이 호텔은 음악계 인사들의 아지트였다. 호텔에서 첫날 밤을 보내던 올리비아가 간이 주방이 딸린 작은 방에 누워 있자니 거리에서 총소리가 들렸다. 소문대로 미국은 무서운 '와일드 웨스트'였다. 미국에 오기로 한 결정이 잘한 일인지 마음이 흔들렸다. 다음 날 올리비아는 그룹 이글스의 멤버 글렌 프레이Glenn Frey와 마주쳤다. 글렌도 로스앤젤레스에 오면 그 호텔을 활동 근거지로 삼곤 했다. 두 사람은 잠시 공연 등 서로의 관심사에 관해 대화했다. 다음 날 올리비아의 방으로 글렌이 보낸 장미 다발이 전달되었다. 메모에는 "미국에 오신 것을 환영합니다Welcome to America"라고 적혀 있었다. 당시 경험에 관해 올리비아는 회고록《믿음을 멈추지 마세요Don't Stop Believin'》에서 다음과 같이 말한다.

내가 좋아하는 유명 밴드 멤버가, 새롭고 때로는 무서운 곳에 처음 온 내가 환영받는 느낌을 받도록 '가던 길을 벗어나' 일부러 신경 써준 것에 무척 감동했다.

이후 두 사람이 다시 만난 적은 없지만 올리비아는 글렌의 따뜻한 배려를 오래도록 잊지 않았다고 한다.

앞의 이야기에서 알 수 있듯이 다른 사람을 위해 내 길을 벗어나는 일은 엄청난 도움이나 친절을 베풀 때만 필요한 것이 아니다. 힘들어하거나 외로워 보이는 주위 사람에게 건네는 친절한 말 한마디, 작은 제스처가 당사자에게는 큰 감동을 줄 수 있다.

현대인은 '생쥐 경주rat race'라고 불리는 극심한 생존경쟁 속에 산다. 부, 권력, 지위를 얻기 위해 남보다 앞서 달려야 한다는 강박이 행동을 지배한다. 목적지를 향해 달려가는 길에서 벗어나는 것은 큰 손해다. 시간 낭비인 데다 자칫하면 남에게 뒤처지는 상황을 초래할 수 있는 위험한 행동이다. 세상이 이렇게 각박하다 보니 불편과 희생을 감수하며 남을 돕고 위로하거나 힘이 되어주는 사람을 보면 존경스럽기까지 하다. 그러나 우리는 어릴 때부터 도덕 교과서나 종교의 가르침에서 '이타적 연민selfless compassion'의 가치를 배웠다. 부처의 '자타카 이야기Jataka tales'에는 굶주린 암사자와 새끼들을 위해 나무 위에서 뛰어내려 제 몸을 보시한 원숭이에 관한 이야기가 있다. 성경에는 강도에게 얻어맞고 길가에 버려진 남자를 정성으로 돌봐준 선한 사마리아 여인 이야기가 등장한다. 성직자를 포함한 다른 사람들이 그저 지나쳐 갈 때 그 여인은 걸음을 멈추고 그를 보살펴주었다. 결국 문제는 실천이다.

'가던 길을 벗어나다_{go out of one's way}'라는 영어 표현이 긍정적 맥락에서만 사용되는 것은 아니다. 일부러 다른 사람을 해코지하고 골탕 먹이거나 못살게 굴려는 사람을 묘사할 때도 쓰이는 표현이다. 인생은 긴 여행이다. 잠시 길을 벗어나도 그 길이 사라지지는 않는다. 무언가를 위해 가던 길에서 벗어났을 때 그 행동의 동기가 남에게 도움을 주고 친절을 베풀기 위한 것이라면 세상이 얼마나 살기 좋아질까.

함께 걷는 길이라면
외롭지 않다

목사 메리 데이비슨Mary Davison은 60세에 장거리 하이킹을 시작했다. 그리고 76세가 될 때까지 애팔래치아 트레일, 퍼시픽 크레스트 트레일, 콘티넨털 디바이드 트레일 등 미국의 3대 장거리 코스를 완주해서 트리플 크라운을 달성했다. 총거리는 약 1만 2,700킬로미터에 달한다. 2018년에 출간한 《트레일을 걷는 할머니Old Lady on the Trail》에서 메리는 자신의 경험을 회고한다. 끝없이 이어지는 길을 걸으며 곰, 코요테, 독수리, 부엉이 등 각종 야생동물을 만나고 사막, 눈보라, 험난한 지형, 굉음을 내며 쏟아지는 폭포 등의 자연과 한 몸이 된다. 대부분 홀로 걸었지만 중간중간 지인이나 처음 만난 사람과 같이 걷는다. 메리는 우연히 캐년 보이스란 젊은 하이커를 만나 캠핑을 같이하며 이야기꽃을 피우고, 다음 날 하루 종일 함께 걷는다. 보이스는 메리에게 물을 떠다 주고 하이킹에 도움이 되는 지식을 알려준다. 이렇게 메리는 간간이 다른 하이커와 같이 걸으며 친구가 되고, 다시 혼자 걸을 수 있는 에너지와 의지를 충전한다. 회고록에서 메리는 다음과 같이 말한다.

> 지난 수년 동안 다른 하이커와 트레일 천사들[하이커에게 잠자리, 식량 등을 제공하는 사람]의 격려와 도움이 없었다면 5킬로미터도 걷지 못했을 것이다. 특히 먼 거리를 '같이 걸어준' 친구 캐시 오툴과 캐런 켈러, 그보다 짧은 거리를 '같이 걸으며' 응원을 보내준 다른 친구들과 처음 만난 하이커들에게 감사한다.

인생은 홀로 걷는 여행길이지만 중간중간 다른 인생 하이커를 만나 같이 걷는다. 잠시 걷기도 하고, 매우 먼 거리를 함께하기도 한다. 영미인들은 어렵고 힘든 과정 내내 옆에서 도와주고 격려해준 사람을 묘사할 때 그가 '나와 같이 걸었다walk with me'라고 비유한다.

《포스터 아이Poster Child》의 지은이 켐바 스미스Kemba Smith는 대학생 시절 마약 거래를 하는 남자와 사랑에 빠졌다. 그 후에는 가정 폭력에 시달렸다. 1994년에는 코카인을 소지하고 있다가 체포되어, 마약을 거래하고 돈세탁할 의도가 있었다는 혐의로 24년형을 선고받았다. 당시 미국은 마약 소지 같은 비폭력 범죄 혹은 초범에도 중형을 선고하는 경향이 있었다. 켐바의 이야기가 알려지면서 비폭력 초범에 중형을 가하는 형사 제도에 반대하는 캠페인이 시작되었다. 시위 집회마다 그녀의 얼굴 사진이 든 피켓이 등장하면서 '포스터 아이'란 별명이 붙었다. 켐바의 이야기는 CNN, 법정 TV, 〈워싱턴포스트〉, 〈뉴욕타임스〉 등 주요 언론에 보도되었다. 그는 6년 반 동안 복역한 끝에 2000년 빌 클린턴 대통령의 사면으로 자유의 몸이 되었다. 그는 회고록에서 다음과 같이 소회한다.

> 신문 기사가 나간 후 수많은 응원 편지를 받았다. 기사를 통해 내 이야기를 공개함으로써 나의 취약함을 드러냈지만 가치 있는 일이기를 기도했다. 하나님에게 그 과정 내내 매 걸음마다 나와 '같이 걸어달라고' 기도했다. 그렇게 동행해 주셨다고 생각한다.

인생이 고단하거나 몸이 아플 때 '같이 걸어주는' 사람만큼 고마운 사람이 없다. 그 사람은 친구일 수도 있고, 학교 교사일 수도 있고, 의사일 수도 있고, 배우자나 부모 또는 자식일 수도 있다. 능력을 인정받던 공무원 크리스틴 브라이든Christine Bryden은 46세 나이에 치매 진단을 받았다. 청천벽력 같은 소식에 크리스틴은 눈앞이 캄캄했지만 다시 일어나 치매와 더불어 사는 법을 터득하고, 치매에 대한 대중의 편견을 바꾸는 캠페인을 시작했다. 이처럼 치매에 긍정적 태도를 지닌 데는 주위 사람의 격려와 도움이 중요했다. 특히 의사의 역할이 컸다. 크리스틴의 치매를 처음 진단한 신경과 전문의는 "완전한 치매 상태가 되기까지는 5년 정도 남았고, 그 후에는 몇 년 정도 요양원에 있다 생을 마감할 겁니다"라며 지극히 기계적으로 말했다. 그러나 두 번째 전문의는 전혀 달랐다. 처음부터 환한 웃음으로 맞이했고, 크리스틴의 심정에 공감을 표하며 조금씩 긍정적인 태도로 인도했다. 서둘지 말고 '한 번에 하루씩 살며' 순간에 최선을 다하라고 조언했고 오랫동안 동행하며 정신적 지주가 되어주었다. 덕분에 크리스틴은 파트타임 일을 계속하면서 박사 후 연구 과정을 마무리할 수 있었다. 크리스틴은 《치매와 춤추기Dancing with Dementia》에서 그 신경과 전문의에 대해 다음과 같이 말한다.

> 나는 치매와 긍정적으로 살 수 있는 법을 배웠다. 그 과정에서 나의 신경과 전문의는 내가 치매 환자인데도 불구하고 아직 인생에서 여러 가지를 성취할 수 있는 개별 인격체로 대하며 많은 도움을 주셨다. 치매와 살아가는 길에서 매 걸음을 나와 '같이 걸어주셨다.' 매년 나를 면밀하게 검사하고, 현실적이지만 긍정적인 답변을 주셨고, 희망을 주셨다. 치매에도 불구하고 최대한 풍성하게 살 수 있도록 용기를 주신 그분께 큰 빚을 졌다.

하루에도 많은 환자가 진료실을 거쳐 간다. 모두를 개별 인격체로 대하는 의사, 자신이 치료를 맡는 동안 환자와 '같이 걸어간다'는 자세로 정성을 다하는 의사를 만나는 것은 행운이다.

배우자도 중요한 동행인이다. 전 세계 80개국 이상을 다니며 선교한 목사 새미 티핏Sammy Tippit은 2007년에 암 진단을 받았다. 그의 평생 꿈은 아테네 마라톤 구간을 완주하는 것이었다. 암 수술 전에 기도하던 그는 꿈에 도전해보라는 하나님의 말씀을 들었다. 체중을 27킬로그램이나 감량한 그는 2008년 11월 아테네 마라톤에 출전했다. 그리스에 도착했을 때 다른 주자들이 새미의 목표를 물었다. 그는 자신이 암에 걸렸음을 이야기하고, 아테네 마라톤을 완주한 후 보스턴 마라톤까지 출전하는 것이 목표라고 했다. 다른 주자들은 기겁하며, 언덕이 많은 아테네 코스를 뛰다가 죽을지도 모른다고 경고했다. 그러나 새미는 끝내 마라톤을 완주했다. 《경주: 챔피언처럼 뛰어라The Race: Run Like a Champion》에서 그는 아테네 마라톤에 참가할 수 있었던 공을 아내 텍스에게 돌린다. 그가 아테네로 떠날 때 아내 텍스는 병원에 입원해 있었다. 그는 당시 상황을 이렇게 설명한다.

> 텍스 때문에 마음이 무거웠다. 텍스는 그리스까지 이르는 30년의 놀라운 여정에서 언제나 나와 '같이 걸었다.' 나는 많은 순간 텍스에게 의지했고, 텍스는 항상 내 곁에 있었다. 나는 텍스가 그리스에 함께 가기를 바랐다. 이것이 단순한 경주가 아님을 알고 있었기 때문이다. 놀라운 교훈을 얻으리란 것을 알고 있었다.

새미는 먼 인생길을 같이 걸어온 아내를 데려갈 수 없었다. 그러나 아내 텍스는 그가 달리는 동안 정신적으로 동행했다. 그리고 그가 육체적 한계를 극복하고 결승점에 도달할 수 있도록 힘이 되어주었다.

좋은 선생도 인생길에 중요한 동행인이다. 케냐의 시골 마을 출신인 글래디스 응게티치Gladys Ngetich와 엘리샤 응게티치Elisha Ngetich는 옥스퍼드대학교에서 로즈 장학금을 받고 박사 과정을 공부했다. 글래디스는 박사 학위를 받은 후 MIT에서 우주공학 박사 후 연구 과정을 마쳤고, 엘리샤는 의학 박사 학위를 받고 의사로 활동하고 있다. 2021년에 두 사람은 《대범한 꿈: 불가능을 넘어서다The Bold Dream: Transcending the Impossible》를 공동 집필했다. 글래디스는 오늘의 자신이 있도록 발탁하고 키워준 옥스퍼드대학교의 스승 아일랜드Ireland 교수에 대하여 다음과 같이 적었다.

> 훌륭한 교수의 지도하에 내가 좋아하는 프로젝트를 수행할 수 있었던 것은 행운이었다. 지도 교수님은 박사 과정 동안 매 걸음을 '같이 걸어주었고,' 스포츠에서도 내가 성장하는 것을 지켜봐주었다. 덕분에 나는 엄청난 학문적 발전을 일궈냈다. 아일랜드 교수님은 나를 제자로 거둬주셨고, 끈기를 갖고 자신감 있는 학자로 빚어주셨다.

인생길에서 우리와 같이 걸어가는 것은 사람만이 아니다. 앞에서도 이야기한 인도 배우 프리양카 초프라 조나스는 미국의 기숙학교에서 학창 시절을 보냈다. 귀국 후 미인 대회에서 우승하고 이어 미스 월드 선발대회에서 우승하며 연기자의 길을 걸은 그는 2013년에 아버지를 잃는 슬픔을 겪었다. 이후에는 심한 우울증과 무기력증에 빠졌다. 2016년 텔레비전 스릴러 드라마의 시즌 2를 찍으러 미국에 간 프리양카는 인터넷 뉴스 매체 버즈피드와 인터뷰했다. 인터뷰 사진을 찍으면서 재미있는 광경을 연출하려고 주위에 강아지들을 풀어 놓았다. 그중 자신의 신발을 질겅질겅 씹는 다이애나란 강아지가 눈에 들어왔다. 강아지를 보니 왠지 마음이 포근해지고 위로가 되었다. 다음 날 프리양카는 다이애나를 입양했다. 그는 훗날 다음과 같이 말한다.

> 나는 다이애나가 나를 선택했다고 1백 퍼센트 확신한다. 다이애나가 내 인생에 들어온 데는 분명한 목적이 있었다. 내가 다시 힘을 얻어 살아갈 수 있도록 도와주는 것이었다. 우울증이 심한 날에도 새벽 5시에 촬영장에 갈 때는 다이애나가 동행했다. 밤에 잘 수 없을 때는 인기척 없는 도시 거리를 기꺼이 '같이 걸어주었고,' 침대에선 내 품에 꼭 안겨주었다. 다이애나는 내가 삶의 의욕을 찾게 도와준 중요한 관문이었고, 지금도 내 곁에서 조건 없는 사랑을 주고 있다.

인생길에는 신, 친구, 배우자, 선생, 의사, 반려동물 등 위로와 도움과 용기를 주는 동료 하이커들이 있다. 그래서 혼자 걷지만 외롭지 않고, 넘어졌다가도 다시 일어나 걸을 수 있다. 한편으로는 누군가가 나와 같이 걸어주는 것도 좋지만 내가 누군가와 같이 걸어주는 것은 더 의미 있는 일 아닐까? 우리 주변에는 이런저런 이유로 역경에 처한 친구나 이웃이 있을 것이다. 병마와 고통스럽게 싸우는 사람이 있을지도 모른다. 그들에게 손을 내밀고 이렇게 말하면 어떨까? "내가 같이 걸어줄게요." 워크 위드 미walk with me.

위험에 빠진 이에게
생명줄을 던져주자

항해 도중 태풍을 만났을 때 가장 경계해야 할 것은 배 밖으로 떨어지는 것이다. 요동치는 바다에 떨어지면 배와의 거리가 금세 멀어지고 파도가 거세서 자력으로 다시 배 위로 올라가는 것이 불가능에 가깝다. 이때는 누군가가 배 위에서 로프를 던져줘야 한다. 그 밧줄을 '생명줄lifeline'이라고 한다. 인생 항로에도 태풍이 불 때가 있다. 심한 바람과 높은 파고에 몸의 균형을 잃고 배 밖으로 떨어질 때가 있다. 인생에서 위기를 맞이할 때다. 이런 위기에서도 '생명줄을 던져주는throw a lifeline' 사람이 있다. 그런 사람을 우리는 생명의 은인이라고 한다.

비유적 의미의 '생명줄'은 흔히 재정적 어려움에 처했을 때 도움을 준다는 맥락에서 사용된다. 가령 2008년 미국의 서브프라임 모기지 위기 당시 수많은 주택 소유자가 주택 소유권을 상실할 상황에 처했다. 미 의회는 이들을 구제하기 위해 특별 법안을 마련했는데, NPR은 이 법안의 성격을 "질권을 상실할 상황에 직면한 주택 소유자들에게 생명줄을 던져주는 법안"이라고 묘사했다.

미국의 전설적 록 밴드 '더 폴리스The Police'의 기타리스트였던 앤디 서머스Andy Summers는 에릭 클랩튼, 존 벨루시 등 많은 유명 뮤지션과도 협업했다. 앤디가 초창기에 기타리스트로서 일을 구하는 데 애를 먹던 시절의 이야기다. 그는 음악인들이 즐겨 찾는 런던의 스피크이지 클럽에 종종 들러서 사람들과 교제하며 일자리를 구하고 있었다. 어느 날 친구 로버트 프립Robert Fripp이 유명 가수 닐 세다카Neil Sedaka와 함께 투어 공연 중인 드럼 연주자 마이클 자일스Michael Giles의 전화번호를 주며 연락해보라고 했다. 이것이 계기가 되어 앤디는 닐 세다카를 만났다. 닐 세다카는 앤디의 기타 연주 실력에 반해서 투어에 합류하도록 해줬다. 또한 앤디가 앰프 살 돈이 없다는 것을 알고 즉석에서 3백 파운드를 건넸다. 앤디는《한 기차 뒤에One Train Later》란 회고록에서 닐 세다카의 도움을 '생명줄'이라고 묘사한다.

> 닐은 정말 친절하게도 어떤 의심도 하지 않고 '생명줄을 던져주며' 담배와 브랜디를 권하고, 주머니에 손을 넣어 3백 파운드를 꺼냈다.

닐 세다카의 도움으로 앰프를 구한 앤디는 투어 공연에 동참했고 공연은 큰 성공을 거두었다. 닐 세다카는 처음 본 앤디에게 선뜻 공연에 합류하도록 해주고 돈까지 건넸다. 그의 배려 덕분에 앤디는 팝계에 이름을 알리기 시작했고 후에 더 폴리스 멤버로 활동할 수 있었다.

아카데미상, 토니상, 프라임타임 에미상 등 수많은 연기상을 받은 미국 배우 엘런 버스틴Ellen Burstyn은 2007년 출간한 회고록《나 자신이 되는 것에 관한 교훈Lessons in Becoming Myself》에서 자신에게 생명줄을 던져준 이름 모를 한 노인에 관하여 이야기한다. 1964년 엘런은 세 번째 남편인 영화배우 닐 버스틴Neil Burstyn과 결혼했다. 엘런은 닐을 처음 만났을 때 소년 같은 매력에 반했다고 한다. 그러나 닐은 약물 중독 문제를 안고 있었다. 과거에 복용한 환각제 LSD가 계속해서 정신적 문제를 야기했다. 의사는 닐의 몸이 LSD를 기억하고 유사한 물질을 계속 생산해서 정신 질환이 계속되고 있다고 진단했다. 닐은 분노 조절 장애, 광기, 환각 증세를 나타냈고, 급기야 엘런에게 신체적 폭력을 위협하는 상태에 이르렀다. 어느 날 엘런은 이 상황에서 잠시 벗어나기 위해 캠핑카로 같이 여행을 떠나자고 닐에게 제안했다. 닐이 거부하자 그는 홀로 여행을 떠난다. 그리고 하룻밤을 묵은 모텔에서 이름 모를 노인을 만난다. 그는 당시를 다음과 같이 묘사한다.

가정생활은 지옥으로 가는 낭떠러지 길 위에 있었다. 어느 날 밤 모텔에서 만난 이 낯선 사람은 나에게 '생명줄을 던져주었다.'

노인은 자신을 캐나다 출신으로 인도, 중국, 일본 등 아시아 여러 나라에 거주한 경제학자라고 소개했다. 노인은 이슬람 신비주의, 참선, 요가, 러시아 신비주의 철학자 게오르기 그루지예프와 표트르 우스펜스키의 사상에 관해 이야기했다. 그러고는 엘런에게 매일 '상위 자아higher self'와 만나는 시간을 갖도록 조언했다. 상위 자아란 욕구의 지배를 받는 일상적 자아를 초월한 높은 차원의 자아로, 영적·인격적 성장과 연관 있다. 명상, 기도, 내적 성찰 같은 활동을 통해 만날 수 있는 상위 자아는 지혜와 통찰력을 얻고 목적 의식을 세우는 데 도움을 준다고 한다. 혼란에 빠진 자신을 인도해줄 정신적 스승이 필요하다는 엘런의 말에 노인은 곧 그런 스승을 만날 것이라고 안심시켜주었다. 그런데 노인의 말대로 엘런은 레샤드 필드Reshad Field라는 이슬람 신비주의 지도자를 만나게 된다. 엘런은 레샤드와 대화하면서 상위 자아에 도달하는 법을 터득하고 영적 성장과 마음의 평화를 얻었다.

앞의 이야기에서 보듯이 위기에 처했을 때 필요한 생명줄은 상황에 따라 다양하다. 금전적 도움일 수도 있고, 정신적 지지일 수도 있고, 조언과 길 안내일 수도 있다. 도움의 크기는 중요하지 않다. 앤디 서머스가 앰프를 사는 데 필요했던 3백 파운드는 부자에게는 하찮고 적은 액수일 수 있다. 그러나 당사자에게는 꿈을 추구하는 데 꼭 필요한 돈이고, 기회의 문을 여는 열쇠 같은 의미였다. 또 엘런 버스틴의 사례처럼 필요한 시점에 건네는 적절한 조언이나 위로 한마디가 생명줄이 될 수도 있다.

얼마 전 미국 NPR 방송을 듣다 트리에스트 벨몬트Trieste Belmont란 젊은 여성에 관한 이야기를 들었다. 트리에스트는 심한 우울증을 앓고 있었다. 얼마 전 할머니도 돌아가시고 남자 친구와도 헤어졌다. 운전면허증도 없고 자동차도 없어서 주변 사람들 차를 얻어 타고 다녔다. 어느 날 1시간 넘게 기다려도 차를 태워주기로 한 지인이 나타나지 않자 트리에스트는 집에 걸어가기로 했다. 가는 길에 높은 다리를 건너야 했다. 다리 중간에 이르러 강물을 내려다본 순간 자신의 쓸모없는 인생을 끝내야겠다는 생각이 들었다. 그것이 주변 사람들에게 민폐를 끼치지 않는 일 같았다. 눈물을 흘리며 다리에서 뛰어내릴 용기를 내려 애쓰고 있을 때 등 뒤에서 차 한 대가 지나가며 운전사가 소리쳤다. "뛰어내리지 마세요Don't jump!" 그 말을 듣는 순간 트리에스트는 정신이 번쩍 들었다.

> 그 한마디가 제 모든 것을 바꿔놓았습니다. 인생의 가장 어두운 시기에 나를 '생각해주는' 낯선 사람이 있었다는 사실에 저는 뛰어내리지 않았고, 덕분에 생명을 구했습니다.

여기서 중요한 단어는 '생각해주다', 영어로 '케어care'다. 나 자신만 생각하며 앞만 보고 달릴 때는 다른 사람의 처지를 돌아볼 여유가 없다. 자동차를 타고 지나가면서 다리 위에 서 있는 사람이 뛰어내리려하는지 아닌지 살펴볼 여유가 없다. 우리 주변에는 우리가 던져줄 수 있는 생명줄을 애타게 기다리는 사람들이 있을지 모른다. 그들에게 생명줄을 던져주기 위해선 가장 먼저 우리 이웃을 '케어'하는 마음이

있어야 한다. 그래야 주위를 돌아볼 수 있고, 위급한 상황에 빠져 생명
줄을 던져달라고 손을 흔드는 사람을 볼 수 있다.

서로에게 상처를 주는
이별을 막는 법

인생길을 걷다 보면 다른 사람들을 만나 친해지고 같이 걷다가 헤어지고 또다시 만나기도 한다. 영어에는 우리말 '헤어지다'와 뜻이 비슷한 '길을 나누다part ways'란 표현이 있다. 같은 길을 걷다가 각자 다른 길로 가는 것을 개념화한 표현이다. 우리말에서도 헤어지는 것을 '갈라서다', '서로 다른 길로 가다', '각자의 길로 가다'라고 한다. 인생은 길이 만났다 갈라지고 또 다른 길과 만나면서 무수한 만남과 이별을 거치는 여정이다.

회고록, 소설, 시, 노래 가사 등에 가장 많이 등장하는 만남과 헤어짐은 이성 관계와 밀접하다. 남녀가 만났다 헤어지는 이유는 다양하지만, 이혼한 부부는 흔히 관점과 가치관의 차이를 이유로 든다. 2019년 《니체와 같이 하이킹하기 Hiking with Nietzsche》란 회고록을 출간한 존

캐그John Kaag는 미국 매사추세츠대학교 철학과 교수다. 그는 독일 철학자 프리드리히 니체가 1880년대에 거주한 스위스 실스마리아 마을 뒤에 있는 높은 산을 두 번 하이킹했다. 니체는 사색을 위해 실스마리아산에 자주 올랐다고 한다. 존은 니체에 빠져 지내던 미혼 시절에 처음 실스마리아를 하이킹했다. 결혼 후에는 아내와 딸을 데리고 다시 실스마리아에 올랐다. 회고록에서 그는 젊은 시절과 결혼 후의 산행 사이를 넘나들며, 니체에 대한 생각이 자신의 인생 경험으로 인해 어떻게 바뀌었는지 설명한다. 여행기, 자서전, 철학 담론을 흥미롭게 엮은 이 책은 미국 NPR의 2018년 올해 최고의 책 중 하나로 선정되었다. 존은 책에서 첫 번째 아내와 헤어진 사연을 이야기한다. 그는 대학생 때 참석한 유럽 실존주의 철학 관련 세미나에서 첫 아내를 만났다. 당시 아내는 철학자 키르케고르의 간접 전달이라는 철학 개념에 관한 학위 논문을 준비하고 있었다. 둘은 철학이란 공통분모를 중심으로 가까워진 끝에 결혼했다. 존은 니체 철학에 심취했고, 아내는 키르케고르 철학을 전공했다. 두 철학자는 커뮤니케이션 방식, 인간관계에 대한 관점 등이 여러 면으로 달랐다. 존과 아내는 각자가 전공한 철학자의 관점을 옹호하며 학문적 언쟁을 벌이는 경우가 잦았다. 잦은 충돌은 결혼 생활에 대한 피로감으로 이어졌다. 후에 두 사람은 충돌을 피하기 위해 존재철학을 버리고 다른 학문적 관심을 추구했다. 아내는 박사 논문 주제를 키르케고르에서 결혼과 가정 상담 치료로 바꿨다. 존도 니체를 버리고 미국 철학자를 연구하기 시작했다.

그렇지만 우리 관계는 이미 파국 단계에 이르렀기 때문에 갈라서기로 결정했다. 우리가 현명하게도 의견이 일치한 몇 안 되는 사례 중 하나였다.

공교롭게 존의 두 번째 아내 캐럴Carol도 칸트를 전공한 철학도였다. 존은 니체의 철학에서 벗어나 포용적이고 여유로운 사고를 강조한 랠프 월도 에머슨Ralph Waldo Emerson, 윌리엄 제임스William James, 조사이어 로이스Josiah Royce 같은 미국 철학자들에게 관심을 가졌다. 이 철학자들은 뉴잉글랜드 지방의 산을 같이 하이킹하며 서로의 철학적 관점을 공유했다고 한다. 미국 철학자들을 연구하던 존은 점차 편협한 사고에서 벗어나 다른 사람과 같이 여유 있게 걷는 법을 터득했다. 그 결과 자신의 삶과 새로운 배우자를 더욱 관대하게 대하고 사랑할 수 있었다.

미국의 유명 배우 드루 배리모어Drew Barrymore는 어머니와 갈라서야 했던 사연을 자서전《야생화Wildflower》에서 설명한다.

나와 어머니의 관계가 파탄 나서 갈라서야 했던 것은 다 알려진 일이다.

드루의 어머니와 아버지는 연예계와 관련 있는 사람들이었다. 아버지 존 드루 배리모어는 전설적 배우 존 배리모어의 아들이고, 어머니 제이드 배리모어는 영화배우를 꿈꾸는 모델이었다. 아버지는 어머니가 드루를 임신 중일 때 가정을 떠났다. 부모의 영향을 받은 드루는 어릴 때부터 오디션을 받고 영화에 출연하기 시작했다. 드루가 〈E.T.〉에 출연해 관심을 받자 여기저기서 영화 출연 교섭이 들어왔다. 얼마 후 어머니는 할리우드의 코미디 하우스와 댄스 클럽 일을 그만두고 드루의 일정을 관리하는 매니저를 자처했다. 어린 나이에 드루는 가계를 책임지는 가장이 되었다. 그래서인지 다른 사람들처럼 일반적인 어린 시절을 경험하지 못했다.

> 나는 7살에 가장이 되어 어머니, 남동생, 여동생의 생계를 책임졌다. 내게는 어린 시절이 없었다. [⋯] 나는 아기 때부터 유명해졌고, 평생 다른 사람들의 기대를 충족시키는 데 시간을 보냈다. 그런 요구와 스트레스를 감당할 수 없었다.

드루는 자신을 돈 버는 기계로 취급하며 어린 시절을 앗아간 어머니가 원망스러워서 결국 갈라섰다. 미성년자였던 14살 때 드루는 어머니의 양육권에서 벗어나 독립하게 해달라는 소송을 제기해서 승소했다. 드루는 나중에 엄마가 된 후에야 어머니를 이해하고 용서할 수 있었다. 자신의 부모가 히피의 생활 방식 내에서 나름대로 자신을 위해 최선을 다했다고 인정한 결과였다.

직장과 직장인은 언젠가 헤어지게 된다. 개인은 기업이란 조직의 일원인 동안 같은 길을 가고, 퇴직하면 갈라서게 된다. 40년 동안 제너럴일렉트릭GE 사령탑으로 재직하면서 수많은 성공 신화를 만들어낸

잭 웰치Jack Welch는 2005년에 출간한 회고록《위대한 승리Winning》에서 직원을 해고하는 잘못된 방식에 대하여 이야기한다. 특히 예고도 없이 해고하는 경우다. 중소기업 배송 업무를 담당하던 리처드란 사람이 있었다. 부서장이던 그는 근무 평점이 매우 좋지 않았다. 납기일을 못 맞추기도 했고, 배송 업무가 복잡해지면 제대로 대응하지 못했다. 그러던 어느 날 리처드의 상사는 한 고객으로부터 일주일째 배송을 받지 못했다는 항의 전화를 받은 후 그를 불러 즉석에서 해고를 통보했다. 리처드는 화내며 문을 박차고 나갔다. 갑작스럽게 부서장이 해고된 사건은 해당 부서 직원들의 사기를 떨어뜨렸다. 자신들도 언제 느닷없이 해고될지 모른다는 생각 때문에 회사에 대한 충성심이 약해졌다. 대기업 세일즈 매니저였던 스티브도 업무 성과가 좋지 않았다. 프로젝트 마감이 늦기도 하고, 판매 목표를 못 채우는 경우도 많았다. 새로 부임한 스티브의 상사는 그를 바로 해고하는 대신 업무 성과를 개선할 시간을 주고 지켜보기로 했다. 그렇지만 스티브는 이미 이상한 분위기를 감지하고 직장 생활에서 많은 스트레스를 받기 시작했다. 결국 상사는 스티브를 해고했다. 명확한 언질을 주지 않고 자신을 해고한 데 반감을 느낀 스티브는 만나는 사람들에게 다니던 회사에 대한 악담을 늘어놓았다.

웰치는 두 사례를 들어 '깜짝 해고'를 절대 하지 말라고 조언한다. 그 대신 객관적 평가 시스템을 시행하고 정기적으로 직원과 업무에 관해 대화하라고 조언한다. 이를 통해 직원에게 사전에 언질하여 만약의 상황에 대비할 시간을 충분히 줘야 하기 때문이다.

우수한 업무 평가 과정은 직원들에게 필요한 정보를 제공하고, 공정하고 개방적인 방식으로 직원들이 준비할 수 있도록 해준다. 서로 각자의 입장을 잘 이해할 때는 실제로 해고가 발생하는 경우가 없다. 그러나 서로 간에 일이 잘 풀리지 않는다면 결국 이제 갈라설 시점이라는 상호 이해에 도달하게 된다. 이때는 매니저와 직원의 마지막 대화가 순조롭게 진행되고 악감정이 생기지 않는다.

인생은 무수한 만남과 헤어짐의 연속이다. 어떤 만남에서는 오래 같이 걸어가고, 다른 만남에서는 길이 금세 갈라지기도 한다. 존 캐그와 드루 배리모어의 이야기는 인생에서 상대에 대한 이해가 부족하여 헤어지는 경우가 많음을 보여준다. 혈기 왕성한 젊은 시절에는 자신이 추구하는 가치가 절대적이라고 생각하는 경향이 있다. 모든 일에서 자신을 중심에 놓고 생각하는 경향도 있다. 그러다 보니 가치관이 다른 타인을 배척한다. 나에게 잘못한다고 생각하는 사람에게는 심한 원망을 품는다. 인생을 좀 더 살아보면 그런 일들이 절대적이지는 않다는 사실을 깨닫게 된다. 존 캐그는 니체에 매몰되었던 시절에서 벗어나 다양한 철학적 관점을 접하자 다른 사람과도 '같이 걸어갈 수 있는' 마음의 여유가 생긴다. 드루 배리모어는 자신이 엄마가 된 후에야 부모가 된다는 것이 말처럼 쉽지 않음을 깨닫는다. 그리고 어린 시절 원망과 미움의 대상이었던 어머니가 왜 그런 선택을 할 수밖에 없었는지 이해한다.

인생길에서 만나고 갈라서는 것은 자연스러운 일이다. 모든 헤어짐을 막을 수 있는 것도 아니다. 그러나 기왕 만났다면 되도록 오래 함께하는 것이 좋다. 헤어지더라도 서로에게 깊은 마음의 상처를 주지 않으면 좋겠다. 잭 웰치는 직장과 직원이 갈라설 때 서로 원수가 되지 않는 비결로 대화와 소통을 제시한다. 관계가 악화되기 전에 미리 언질을 주고, 갈등의 원인을 대화로 해소할 수 있는 기회를 갖고, 상대방이 대비할 수 있는 시간을 주는 것. 그럼 헤어질 위기를 극복할 수 있고, 헤어지더라도 서로 감정이 상하는 일을 줄일 수 있다. 기업과 종업원의 관계뿐만 아니라 모든 인간관계에 적용되는 조언이다.

아픈 과거사는
백미러 속으로

떠난다는 건 새로운 나의 이야기를 쓰는 것이다. 솔직히 선택의 여지가 없다. 내 과거 인생의 쓰레기가 맨해튼 거리에 널려 있다. 내가 태어났던 도시, 내가 죽을 뻔했던 도시다. 내가 사랑에 빠졌던 도시이고 지난 한 해 동안에는 내 인생이 무너져 내린 도시다. '백미러 속으로' 도시의 전경이 멀어지더니 시야에서 사라진다. 도시를 떠내 보내는 것이 아쉽지 않다. 첫날밤을 지낼 나의 목적지는 북쪽으로 1백마일 가야 한다. 어둠이 내린 후에나 도착할 것이다.

파리에서 종군기자가 되는 꿈을 좇던 술리카 자애드Suleika Jaouad는 23세 생일을 몇 주 앞두고 혈액암 진단을 받았다. 생존 가능성은 35퍼센트. 술리카는 직업, 아파트, 경제적 독립 등 모든 것을 상실한 채 뉴욕 맨해튼 고향으로 돌아왔다. 그 후 4년 동안 병원 입원치료를 받으며 자신의 투병기를 <뉴욕타임스>에 기재했다. 마침내 암병동에서 걸어 나왔을 때 그녀는 완치 판정을 받았다.

그러나 산산이 부서진 인생 조각을 다시 맞추는 것은 또 다른 도전이었다. 이제 어떻게 살 것인가? 술리카는 애완견과 함께 100일 동안 1만5천마일을 달리는 자동차 여행을 시작했다. 투병 기간 동안 동변상련의 아픔을 주고받았던 사람들을 찾아 나섰다. 암 치료 중인 10대 소녀, 아들을 암으로 잃은 교사, 사형선고를 받고 투옥 중인 죄수. 술리카는 2021년 투병과 건강이란 두 삶의 영역을 오가며 겪은 아픔과 치유의 경험을 《두 왕국 사이에서Between Two Kingdoms》란 책으로 냈다. 술리카의 회고록은 <뉴욕타임스> 올해의 책 중 하나로 선정되었다. 술리카는 자신의 무너진 삶을 다시 일으켜 세우기 위하여 자신의 과거가 담긴 도시를 떠난다. 백미러 속으로 도시가 멀어지며 하나의 점이 되더니 이내 시야에서 사라진다. 전방에는 앞으로 가야 할 길이 뻗어 있다.

인생 도로를 운전할 때도 마찬가지다. 자신이 머물던 과거의 장소를 떠날 때는 누구나 한번 쯤 백미러를 올려다본다. 전방에서 다가오는 광경은 미래고, 백미러를 통해 멀어져 가는 광경은 과거다. 그리고 지금 이 순간 자동차 바퀴가 굴러가고 있는 지면은 현재다. 우리말에선 '백미러'라고 하지만 정확한 영어 표현은 '리어뷰 미러rearview mirror'다. 무언가가 '백미러 안에 있다in the back mirror'란 표현은 내가 앞으로 나아감에 따라 과거의 사건, 상황, 경험이 자동차 백미러를 통해 보듯이 뒤로 멀어진다는 의미다. 앞으로 나아가는 것을 막고 있는 과거사를 백미러 속으로 보내고 지금의 순간과 다가오는 미래에 집중한다는 의미를 함축한다. 그래서 영어로 '그 어려웠던 인생 시기는 이제 백미러 안에 있어'라고 하면 힘들었던 시절에 더 이상 연연하지 않고 현재와 미래의 삶에 집중하고 있다는 뜻이 된다.

인생에서 겪는 사건이나 상황이 '백미러에 있다'는 것은 그런 과거 일에 더 이상 구속되지 않는다는 의미다. 현 상황에 집중해서 신속하게 대응 방안을 마련하고 새로운 기회를 추구한다는 뜻이다. 넷플릭스는 자타가 공인하는 전 세계 스트리밍 서비스 산업의 최강자지만, 2001년에 이른바 '닷컴 버블'이라고 불리는 인터넷 산업의 버블이 터지면서 위기를 맞이한 적이 있다. 당시 넷플릭스는 우편으로 DVD를 보내주는 구독 서비스 사업을 하고 있었다. 2000년부터 구독자가 줄어드는 등 고전하고 있던 넷플릭스는 비디오 대여 시장의 강자였던 블록버스터에 접근해서 기업 인수 의향을 타진했다. 블록버스터도 오프라인 매장에서 DVD를 대여하는 영업 모델의 한계를 느끼고 있었다. 그러나 협상 끝에 블록버스터는 넷플릭스를 인수하지 않기로 결정했다. 넷플릭스가 가장 큰 기대를 걸었던 탈출구가 막혀버린 것이다. 넷플릭스 공동 창업자이자 초대 CEO 마크 랜돌프Marc Randolph는 《그런 방식은 절대 통하지 않는다That Will Never Work》에서 당시 상황을 다음과 같이 묘사한다.

2000년이 2001년으로 바뀌면서 블록버스터의 기회가 점차 '백미러 속에서 멀어지고' 신규 상장도 당분간 추진할 수 없게 되었다. 그때 재무 이사였던 배리는 우리 배가 더 빠르게 전진하도록 모든 부문에서 '따개비를 긁어내기 위해' 필사적 노력을 기울였다.

블록버스터에 기업을 매각할 수 있는 기회가 '백미러 속에서 점점 멀어졌다'라는 말은 협상 실패가 아쉽기는 하지만 과거사로 흘려 보낸다는 의미다. 무산된 기회를 아쉬워하며 손 놓고 있지 않고 발 빠르게 다른 길을 찾아 나선다는 의미이기도 하다. 대응의 핵심은 조직의 군살을 제거하는 것이었다. 넷플릭스라는 배의 전진 속도를 높이기 위하여 밑바닥에 붙어 있는 따개비라는 비효율을 필사적으로 긁어냈다. 기업 구조를 단순화하고, 불필요한 부가 서비스를 없애고, 비용을 절감하는 데 집중했다. 기업 구조를 더 날렵하게 만들어 미래의 위기에 대한 대응력을 키우고 장기적인 성공의 토대를 쌓는 데 심혈을 기울였다. 고객 수를 늘리면서 영업 비용을 줄이는 두 마리 토끼 잡기에 나섰고 궁극적으로는 성공했다. 그 결과 오늘날 넷플릭스는 온라인 스트리밍 시장의 일인자로 올라섰다. 넷플릭스가 블록버스터와의 매각 협상이 무산된 후 허탈감에 빠져 추가 대책을 세우는 데 시간을 낭비했다면 오늘날의 성공은 없었을지 모른다. 놓친 기회를 빨리 '백미러 속으로 보내고' 현재의 도전 상황을 냉철하게 분석하여 과감하게 단행한 구조 조정이 성공 신화의 토대가 되었다.

인간관계에도 백미러 속으로 보내야 할 것이 있다. 마음의 상처, 원한, 미움 같은 것이다. 앞서 소개한 얼리샤 키스는 그래미상을 통산 15회 수상한 가수 겸 작곡가다. 배우로 활동하고 영화, 텔레비전, 브로드웨이 쇼를 연출한 프로듀서이기도 하다. 얼리샤의 화려한 성공 이야기 뒤에는 아픈 개인사가 있다. 특히 아버지와의 관계에서 큰 마음의 상처를 입었다. 얼리샤의 아버지는 그가 태어난 날 병원에 오지 않았다. 어머니와 얼리샤가 퇴원하기 전날 아버지는 새 여자와 같이 신생아실에 나타났다. 얼리샤는 2020년에 출간한 《더 많은 나 자신More Myself》에서 아버지는 자신이 필요할 때는 사라졌다가 어려운 시간이 지나면 갑자기 나타났다 다시 사라지곤 했다고 썼다. 그래서 얼리샤는 마음속 깊이 아버지에 대한 미움을 품고 있었다. 그는 11년 동안 연락도 없이 살던 아버지를 할머니 장례식에서 다시 만났다. 장례식 후 두 사람은 같이 산책했고, 아버지는 얼리샤가 태어났을 때의 자신의 상황을 설명했다. 일부 이해되는 부분이 없지는 않았다. 그러나 대화를 통해 얼리샤가 깨달은 점은 아버지에 대한 분노와 원한이 자신에게 해가 된다는 것이었다.

아버지에게 복수하려고, 아버지도 나만큼 고통받기를 원하며 마음속에 원한을 쌓는 데 너무 많은 에너지를 낭비했다. 그런데 결국 나 혼자 가슴앓이를 하고 부정적 에너지에 기대어 생활하며 더 많은 부정적 에너지를 나 자신에게 끌어들였다.

얼리샤는 아버지를 원망하며 살았던 과거를 잊고 새로운 관계를 형성하는 데 집중하기로 마음먹는다.

> 아버지가 내 곁에 없었던 시간은 이미 우리의 '백미러 속에 있었다.' 바로 이 순간에는 아버지와 딸이 아니라 두 성인으로서 서로를 알아갈 것이라고 생각했다.

얼리샤는 과거를 바꿀 수는 없다는 점을 깨달았다. 그래서 과거를 백미러 속으로 보내고 현시점에서 아버지와의 관계를 재구축하는 데 집중하기로 했다.

앞의 이야기에서 알 수 있듯이 과거사를 '백미러 속으로 보낸다'라는 말은 과거사를 있는 그대로 인정한다는 의미이기도 하다. 부정적 경험이라도 그것이 지금의 나를 형성하는 데 중요한 역할을 했음을 받아들이는 것이다. 그 상태에서 더 이상 과거에 묶이지 않고 미래지향적인 새로운 대안이나 관계를 모색하는 것을 의미한다. 우수 경영자상을 수상한 CEO이며 커뮤니케이션 전문가 사브리나 혼Sabrina Horn은 《실제로 행하라, 하는 척하지 말고Make It, Don't Fake It》에서 실패와 실수를 백미러 속으로 보내는 능력을 경영자의 필수 자질 중 하나로 꼽는다. 사브리나는 〈어떤 CEO도 완벽하지 않다No CEO is Bulletproof〉란 장에서 CEO가 아무리 경험 많고 준비가 되어 있어도 실수하기 마련이라고 지적한다. 중요한 것은 실수로부터 재기하는 회복력이다. 그 회복력을 갖춘 비지니스 리더는 실수에 대한 책임을 지고 교훈을 얻은 후 과거사에 연연하지 않고 앞으로 전진한다.

> 회복력 있는 사람은 행동을 중시하는 편견이 있다. 자기연
> 민에 빠져 허우적거리지 않는다. 오히려 실패에서 교훈을
> 얻고, 실패를 넘어 앞으로 나간다. 실패는 그것이 마땅히 있
> 어야 할 자리인 '백미러 속으로 보내버린다.'

우리 자신을 한번 돌아보자. 혹시 과거에 놓친 기회, 뼈아픈 실수, 잘못된 결정, 인간관계에서 받은 상처 등에 대한 미련, 후회, 원한에 빠져 허우적거리느라 아까운 시간을 낭비하고 있지 않은가? 그렇다면 인생 자동차에 올라타고 액셀러레이터를 밟자. 그렇게 해서 발목을 잡고 있는 아픈 과거사를 백미러 속으로 보내자. 과거사는 부정할수도 없고, 과거에서 이어져온 길을 절단할 수도 없다.

그러나 과거사와의 거리를 벌릴 수는 있다. 과거사와 멀어질수록 그 사건들은 점점 작아져서 시야에서 잘 보이지 않게 된다. 진로를 막고 있는 과거사와의 거리를 벌리는 것, 과거사를 백미러 속의 멀어져가는 점으로 만드는 것, 그래서 더 이상 집착하지 않고 현재 달리는 도로와 운전, 그리고 앞에 놓인 목적지에 집중하는 것, 그것이 '백미러 속으로 보내는' 인생 철학의 지혜다.

다시 길을 떠나다

J. R. R. 톨킨의 판타지 소설을 영화화한 반지의 제왕Lord of the Rings 시리즈 마지막 편인 〈왕의 귀환Return of the King〉에서는 시리즈의 클라이맥스라고 할 수 있는 '암흑의 문' 결투가 벌어진다. 프로도와 샘은 절대반지를 파괴하기 위해 운명의 산에 침투하려 한다. 이들을 돕기 위하여 아라곤이 이끄는 곤도르와 로한의 군대가 절대반지를 지키고 있는 암흑의 군주 사우론의 주의를 흐트러뜨리기 위해 사우론 군대를 공격한다. 그렇지만 병사의 수가 절대적 열세여서 자살행위나 마찬가지인 공격이다. 전투를 앞두고 반지 원정대의 일원인 피핀과 마법사 간달프는 다음과 같은 대화를 나눈다.

> 피핀: 이런 식으로 끝날 거라고는 생각 못 했네.
> 간달프: 끝난다고? 아니지. 여정은 여기서 끝나지 않아. 죽음은 '또 다른 길'일 뿐이야. 우리 모두 가야 할 길.

인생 여정의 출발점에는 '태어남'이 있고 종점에는 '죽음'이 있다. 그런데 죽음이 정말 인생 여정의 끝일까? 죽음은 우리 모두가 맞이해야 하는 경험이지만, 그 의미를 이야기하는 것은 쉽지 않다. 죽으면 아무것도 없는 무의 상태가 된다고 믿는 사람이 있는 반면, 종교에서는 사후 세계를 이야기한다. 힌두교와 불교의 윤회설에 따르면 인간은 살아서의 행동, 즉 자신이 쌓은 선과 악의 업에 따라 끝없이 생로병사를 반복한다. 삶과 죽음이 반복되는 고통스러운 순환에서 벗어나기 위해서는 해탈의 경지에 도달해야 한다. 기독교에서는 죽은 후에는 심판을 받아 천국과 지옥으로 간다고 한다. 천국에서 영생을 누리기 위해선 예수를 믿고 그의 가르침대로 살아야 한다. 많은 사람이 종교에서 말하는 사후 세계를 믿으려 하지만, 사후 세계에 대해 정확한 정보를 줄 수 있는 사람은 누구도 없다. 죽음에 관하여 인용할 회고록이나 자서전도 없다. 우리 중 죽음을 직접 경험한 사람이 아무도 없기 때문이다.

최근 나는 가슴 아픈 죽음을 목도했다. 그 누구보다 열심히 살고 가족을 사랑했던 장인이 돌아가셨다. 너무나 갑작스러운 죽음이었기에 충격과 슬픔은 말로 표현할 수 없을 만큼 컸다. 모든 장례 절차를 마치고 장지에서 돌아오는 버스 안에서 장인의 죽음을 어떻게 받아들여야 할지 머리가 혼란스러웠다. 종교에서 말하는 죽음의 의미가 너무 무겁게 느껴졌다. 그때 머릿속에 떠오른 노래가 미국 가수 윌리 넬슨Willie Nelson의 '온 더 로드 어게인On The Road Again'이었다.

> 다시 여행을 떠난다.
> 어서 빨리 다시 여행길에 오르고 싶다.
> […]

가보지 못했던 곳에 가고

다시 보지 못할 것들도 보고.

이 책의 첫 이야기 〈인생은 새로운 여정의 출발이다〉에서 언급했듯이 길은 비유적으로 여정을 의미한다. 그래서 '다시 도로 위에 있다 _{on the road again}'라는 표현은 '다시 길을 떠나다'라는 뜻이다.

'그래, 장인은 또 다른 여행길을 떠나신 거야. 이별 인사를 할 시간도 없이 너무 갑작스럽게 떠나셔서 많이 아쉽지만, 장인은 이미 새로운 여행길에서 지금까지 가보지 못했던 곳에 가고 보지 못한 것들도 보며 즐거운 모험 여행을 하고 계실 거야.'

'죽음은 또 다른 여정을 떠나는 것'이란 관점은 새로운 것이 아니다. 해리 포터_{Harry Potter} 시리즈의 작가 J. K. 롤링은 "체계적으로 사고하는 사람에게 죽음은 새로운 대모험일 뿐이다"라고 말했다. 프롤로그에서 소개한 래코프와 존슨은 '죽음은 여행이다'라는 은유를 다음과 같이 설명한다.

우리는 '그는 가고 없어_{He's gone}', '그는 우리 곁을 떠났어_{He's left us}', '그는 더 이상 우리 곁에 없어_{He's no longer with us}', '그는 지나서 갔어_{He's passed on}'라고 말한다. 이 모든 것은 출생, 삶, 죽음에서 '출생은 도착'이고 '삶은 현재 시간에 머무는 것'이고 '죽음은 떠남'이라고 은유화한 예이다. […] 따라서 삶이 끝나는 시점은 죽음의 출발점이며, 죽음 또한 목적지가 있는 여행이라고 볼 수 있다.

우리말에서도 죽은 사람을 놓고 '돌아가셨다'라고 한다. 이런 표현은 단순한 완곡 표현이 아닐 것이다. 거기에는 현세의 삶은 여행의 한 구간이며, 죽음은 그다음 구간의 여행을 시작하는 것이란 의미가 담겨 있다. 간달프가 죽음을 '또 다른 길another path'이라고 묘사한 것에도 같은 관점이 깔려 있다.

우리 곁을 떠난 가족, 친구, 지인은 인생 여정을 마치고 새로운 여행길을 떠난 것이다. 그리고 우리 자신도 언젠가 그들처럼 새로운 여행길을 떠날 때가 올 것이다. 그 길에는 인생처럼 고난과 역경이 기다리고 있을지 모른다. 그러나 고난과 역경만큼 기쁨과 즐거움도 있는 새로운 경험이 될 것이다. 죽음은 그 순간까지 등에 지고 있던 짐을 내려놓고 새로운 배낭을 지고 가는 또 다른 여행길이다. 인생 여정의 끝은 모든 것의 끝이 아니고 새로운 여정으로 이어지는 전환점이다. 그러니 죽음에 지나치게 연연하지 말고 매 순간을 충실하게 살자. 다른 사람에게 욕하거나 상처 주고 피해 주는 일은 하지 말고, 되도록 존경하고 사랑하고 도우며 살자. 그래서 인생 여정 동안에는 미움, 앙심, 후회, 질투, 오만함 같은 무거운 인생 짐을 덜어 가볍게 여행하고, 끝에 도달했을 때 홀가분한 마음으로 새로운 여행길을 떠나자.

아버님, 새로 떠나신 길에도 꽃이 피고, 숲이 있고, 새들이 지저귀나요?

눈도 오고 비도 오나요?

하늘은 어떤 색인가요?

어떤 새로운 곳에 가보셨나요?

처음 보는 신기한 것도 많은가요?

새로 맛보신 음식도 많은가요?

즐거운 여행길 되십시오.

다시 길을 떠나다!

라이프 레슨

초판 1쇄 인쇄 | 2024년 1월 16일
초판 1쇄 발행 | 2024년 1월 26일

지은이 이창수
발행인 박효상
편집장 김현
기획·편집 장경희, 권순범
디자인 임정현

편집·진행 김효정
교정·교열 강진홍
표지·본문 디자인 정정은
마케팅 이태호, 이전희
관리 김태옥

종이 월드페이퍼 | **인쇄·제본** 예림인쇄·바인딩 | **출판등록** 제10-1835호
펴낸 곳 사람in | **주소** 04034 서울특별시 마포구 양화로 11길 14-10(서교동) 3F
전화 02)338-3555(代) | **팩스** 02)338-3545 | **E-mail** saramin@netsgo.com
Website www.saramin.com

ISBN 979-11-7101-055-4 03190

우아한 지적만보, 기민한 실사구시 사람in